思想政治教育实践研究

—— 新探索丛书 ——

主编◎杨晓慧　刘志

高校辅导员职业生涯发展研究

曹威威◎著

中国人民大学出版社

·北京·

|思想政治教育实践研究新探索丛书|

编委会

总　序

问题是时代的呼声与口号，理论是在思想中把握到的时代，真见以问题为基础和前提。马克思说："问题是时代的格言，是表现时代自己内心状态的最实际的呼声。"① 中国特色社会主义进入新时代，这是我们当前所处的历史方位，也是思想政治教育学科发展的基本场域。新时代提出新课题，新课题引发新思考，新思考呼唤新作为。思想政治教育学科的建设与发展，只有科学把握时代问题，关注时代变化，才能在培养中国特色社会主义事业建设者和接班人的过程中彰显其独特价值。

人类究竟应当确立什么样的生存方式，从而正确地面对自然、社会和人类自身，不仅仅是思想政治教育学科发展面临和回答的基本问题，也是整个人文社会科学应当优先解释与科学解决的重要课题之一。思想政治教育是对人进行思想理论教育和价值引领的重要学科，如何引领人们正确看待人类社会发展中面临的各种问题与挑战，在一定意义上构成了思想政治教育学科发展的时代之问。思想政治教育不只是一门理论学科，更是一门实践学科，具有明确的应用指向。思想政治教育不是"书斋里的学问"，而是面向生活、面向实践的，其学科发展必然依时代发展与实践推进而变化。离开了现实生活与社会实践，思想政治教育学科就是无源之水、无本之木。

回顾历史，从思想政治教育发展历史来看，高度重视思想政治教育的实

① 马克思，恩格斯．马克思恩格斯全集：第1卷．2版．北京：人民出版社，1995：203.

践创新，推进思想政治教育规律的探索与应用，全面提高思想政治教育的针对性和实效性，是思想政治教育改革发展的思想主题和历史主线。思想政治教育学科自诞生以来，一直发挥着“解释世界”与“改变世界”的基本功能。如果说“解释世界”主要在学科体系的构建中阐释其学科功能的话，那么，人才培养则是其“改变世界”功能发挥的主体依托。在学科发展过程中，其生成逻辑逐渐由思想政治教育“是什么”“为什么”“怎么办”的传统学术解释逻辑向“时代需要什么样的思想政治教育”“思想政治教育如何回应时代需要”“思想政治教育能为培养人做什么”的生活实践逻辑转化。思想政治教育需要在“解释世界”与“改变世界”的过程中，不断更好地服务于培养德智体美劳全面发展的社会主义建设者和接班人这一学科建设与发展目的。

立足当下，新时代思想政治教育的创新发展理应放在当今世界百年未有之大变局、党和国家事业发展全局中来看待，从坚持和发展中国特色社会主义、建设社会主义现代化强国、实现中华民族伟大复兴的高度来对待。“四个正确认识”的新方向，“遵循思政工作规律、教书育人规律、学生成长规律”的新指向，“因事而化、因时而进、因势而新”的新取向，“围绕学生、关照学生、服务学生”的新导向，为我们划定了新时代思想政治教育的主攻方向和实践方略。在此基础上，思想政治教育应在深化理解思想政治教育学科本质的同时，直面时代问题，明确应用导向，充分发挥思想政治教育的价值和功能，夯实思想政治教育实践研究的现实根基，在顺应新形势、解决新问题中不断焕发新的生命力。

思想政治教育实践研究一直是东北师范大学思想政治教育研究中心的重点研究方向与优势领域。多年来，我们始终聚焦思想政治教育应用研究和比较研究，积极进行学术探索。应用研究旨在破解高校思想政治工作和学生成长中面临的实践难题，把问题变成课题，把经验上升为理论，把成果转化为成效；比较研究旨在通过跨文化德育比较，探索构建比较思想政治教育的理论体系与研究范式，推动思想政治教育由本土走向世界。应用研究与比较研究相互支撑、相辅相成，通过揭示不同国家思想政治教育差异性特质与普遍性规律，创建兼具中国风格与世界视野的思想政治教育实践理论，服务于当代思想政治教育的创新发展。

在已有系列成果基础上，聚焦思想政治教育应用研究和比较研究两大领域，东北师范大学思想政治教育研究中心与中国人民大学出版社、商务印书馆签订系列出版协议，全面启动“思想政治教育实践研究新探索丛书”“中外价值观教育前沿论丛”共计20余部著作的系统创作。丛书瞄准新时代思想政治教育研究的当代转向，聚焦前沿论域，关注重大现实，打通关键环节，紧紧围绕思想政治教育工作中的实际问题、重点任务、瓶颈难题等开展论述，对当前思想政治教育存在的一些前瞻性、根本性问题做出积极探索，有助于我们从更深层次思考新时代思想政治教育理论研究的新突破和实践创新的新发展。

“思想政治教育实践研究新探索丛书”抛砖引玉，希望可以引起读者对思想政治教育学科理论与实践更多的关注与思考。恳请各位同人与读者批评指正。

杨晓慧

2020年6月1日

前　言

高校辅导员队伍具有重要的意义与特殊的使命。加强辅导员队伍建设包含丰富的内容，从职业的视角切入本研究，在高校辅导员职业肩负重要使命这一基本前提下，探究高校辅导员职业生涯发展的问题相比其他职业群体而言，更加复杂和严峻，辅导员职业的兴衰和荣辱直接影响这支队伍的稳定性、职业化和专业化水平，影响其工作水平和质量，进而影响整个高等教育的发展和高校的和谐稳定。在这个意义上，辅导员职业生涯发展问题的重要性无疑在辅导员队伍建设中具有首位价值和意义。实践是人的生存方式，劳动首先是人谋生的手段，而选择从事的职业应遵循的原则，是为人类谋幸福与自身发展的完美结合。因此，辅导员职业生涯的发展就应从社会价值和自我价值实现的统一视域去推动；而从人的本质的社会性站位，辅导员职业生涯的发展需要自我努力与社会条件支持的内因和外因双重动力驱动。把辅导员职业生涯发展问题作为研究的课题，既具有重要的理论意义，又具有鲜明的实践价值。

对于当下现实而言，辅导员队伍稳定性不强，过于频繁的职业流动、职业生涯的难以持续是不争的事实。高校辅导员队伍缺乏稳定性的问题、社会成员对辅导员的职业认同过低的问题、高校辅导员职业终身制的发展动力不足等矛盾，都制约高校辅导员队伍发展，对高校辅导员个体产生了一定程度的消极影响，成为困扰辅导员个体职业化和专业化发展、整体队伍提升的掣肘性障碍。上述问题的存在，与辅导员职业生涯发展不顺不畅有着直接的关系，正因为如此，如何有效推动辅导员职业生涯发展就成为辅导员队伍建设中的一个重大问题。这既是大学生健康成长与全面发展的现实需要，也是提高大学生思想政治教育针对性实效性的重要途径，更是辅导员自身发展的必然要求。本书在借鉴当前思想政治教育学科研究成果的基础上，通过把问题聚焦于“高校辅导员职业生涯发展”，旨在通过学理层面的深入研究，对高校辅导员职业进行定位、定性，明确高校辅导员职业生涯发展的内涵与实质，在厘清“是什么”和“为什么”的前提下，以破解问题、探讨对策为指向，对当下制约辅导员职业生涯发展的各种原因进行剖析，在揭示新的历史条件下辅导员职业生涯发展基本规律的基础上，力求通过“怎么办”的思考，提出高校辅导员职业生涯发展的突破路径与实践体系建构的理论原则和基本对策。

全书由五部分内容构成：

第一章，关于高校辅导员职业生涯发展研究的理论前提和政策基础的分析。高校辅导员职业生涯发展研究，要以马克思关于人的全面发展理论为指导，在遵循职业生涯的一般理论的科学依据下探讨其逻辑走向，还应在政策背景中分析其制度框架。在此基础上，阐明“高校辅导员职业生涯发展”范畴的基本内涵，即高校辅导员职业生涯发展是指高校辅导员个体自觉地把握社会对其职业化、专业化成长的期望和规范，使自己努力达到职业角色要求和具备职业能力素养，进而对职业生涯展开持续追求的过程，从而确定本研究的逻辑基点。

第二章，关于高校辅导员职业生涯发展的基本内容的研究。以高校辅导员职业生涯“发展什么”为主题，从高校辅导员职业生涯发展的职业能力发展、职业人格发展、职业路径发展的内容维度，从高校辅导员职业生涯发展的“适应探索、发展成长、高原倦怠、成熟稳固”四阶段的周期性和规律性，从组织管理的“系统规划、整体推进，搭建平台、科学实施，汇聚资源、制度保障”三个层面对高校辅导员职业生涯发展重要支撑条件、高校辅导员职业生涯发展研究进行理论阐述。

第三章，关于高校辅导员职业生涯发展的现实境遇的分析。该部分通过典型个案的剖析，力图对高校辅导员职业生涯发展的总体现状、基本特征和一般规律进行概括总结，重点对高校辅导员职业生涯发展的组织管理现状与问题进行梳理和问题解析，并运用解释结构模型分析高校辅导员职业生涯发展的影响因素，进而将影响因素构成的系统结构划分为表象层、中间层、根源层三个层级，系统分析诸多影响因素间的层次性与关联性，并从体制机制、内在动力与人文环境三个方面对高校辅导员职业生涯发展的现实问题进行深刻审视。

第四章，关于高校辅导员职业生涯发展的突破路径的研究。高校辅导员职业生涯发展遭遇严峻挑战和危机，研究如何转“危”为“机”，探寻解决高校辅导员职业生涯发展瓶颈的突破口。在对高校辅导员角色定位、职业终身化、主体性等问题进行基本框定的前提下，我们认为，高校辅导员职业生涯发展应把职业化、专业化的发展方向融汇为专家化的发展通道，即高校辅导员A型职业生涯发展路径。同时，构建以自我反思与科研提升为主的“二次成长”路径，实现其职业生涯发展的周期超越。

第五章，关于高校辅导员职业生涯发展的实践体系建构的思考。应把高校辅导员置于“大思政”理念下思考其职业生涯发展问题。应从系统论的整体性高度推进和把握高校辅导员职业生涯发展问题，在目标系统、管理系统、培养系统、发展系统、评价系统以及环境系统整合的视域下建构实践体系，这一实践体系的动态运行体现在子系统间相互作用的外循环过程与辅导员个体职业生涯发展活动所形成的内循环过程。同时，在实践体系动态优化策略方面，应在理论架构、实践运行、制度保障、考核评估四个维度优化体制机制，通过培训内容、培训教材及师资队伍等方面优化培训体系，并通过多向度及模块化的培养体系、“成长共同体”模式、“问题导向”式的科研机制等方面的内容优化培养模式，最终实现高校辅导员职业生涯的全面发展。

最后需要强调的是，无论是在理论上还是在实践上，高校辅导员职业生涯发展这一命题要研究的问题很多。我们不可回避，实现高校辅导员队伍建设的全面可持续发展，必须加强顶层设计与制度安排，进行整体谋划，系统推进，实现良性互动，形成合力。从高校辅导员个体发展的维度而言，其内在驱动力也是外部体制机制产生效果的关键所在。亦即是说，推进辅导员职业生涯发展，是一项长期和系统的工程，需要紧跟新形势新变化不断思考和探索。作为一名青年思想政治教育工作者，笔者无法给出解决高校辅导员职业生涯发展所有问题的思想路径，只是尽力对一些核心问题做出理论探讨，尚有诸多不足之处，在今后的学习中定不断深入思考、继续探求下去。

目　录

导　论

改革开放的40多年，既是我国坚持社会主义市场经济改革为核心的社会转型变革期，也是思想政治教育学科从无到有、从小到大的成长期。多年来，思想政治教育不断发展成长，学科领域不断拓展，学科内涵逐步丰富，学科特色显著增强，学科水平得以提升，不断取得新的突破。我国思想政治教育学科产生和发展的历史过程和根本特征可以归结为一句话：思想政治教育学科在创新中发展。笔者理解，思想政治教育学科创新是建立在实践基础上的全方位创新，而实践基础上的理论创新既是社会发展和变革的先导，又是理论自身发展的核心动力。思想政治教育学科创新是由表及里、由浅入深的过程，是由部分到整体、由零散到系统的过程，也是在经验的常态世界中凝练问题、提纯思想的过程。作为思想政治教育学科的重要组成部分，高校辅导员队伍建设研究也日趋成为理论的热点与实践的重点。《中共中央、国务院关于进一步加强和改进大学生思想政治教育的意见》（中发〔2004〕16号，简称"16号文件"）和《普通高等学校辅导员队伍建设规定》（教育部24号令，简称"24号令"）发布实施以来，高校思想政治教育理论界围绕高校辅导员这一特殊群体，就队伍建设、制度建设、专业发展和职业活动等核心课题开展了深入研究，并形成一系列成果，高校辅导员研究在思想政治教育学科中逐渐居于关键位置，成为二级学科下一个重要的分支。与此同时还应注意到，也有少数研究者虽关注了高校辅导员的现实问题，但研究框架却与思想政治教育的总体要求有出入，理论成果尚处于政策理解和经验总结层面，距离高校辅导员研究的科学化、系统化目标还存在差距。作为一种职业，职业生涯发展应是理论研究的题中之义，更应是实践创新的关键所在，无论从高校辅导员的个体发展还是从高校辅导员队伍建设上来说，高校辅导员职业生涯发展均需要有一套系统成熟的理论、有效的机制、健全的制度作为保障。

第一节　研究缘起

高校辅导员制度自20世纪50年代确立以来，经历了萌芽、发展、遭挫、重建、科学发展等不同的历史阶段。21世纪以来，作为开展大学生思想政治教育的骨干力量，高校辅导员所承担的角色也逐步明细，承担着大学生日常思想政治教育和管理工作的组织者、实施者和指导者的重要角色。党和国家历来高度重视高校辅导员队伍建设，60余年来，高校辅导员队伍发挥了重要作用。尤其是"16号文件"和"24号令"下发以来，建设一支职业化、专业化的辅导员队伍便成为加强和改进大学生思想政治教育的重中之重。各地各高校在探寻辅导员队伍职业化、专业化发展道路上做出了积极努力并取得有益成效。2014年，《高等学校辅导员职业能力标准（暂行）》（教思政〔2014〕2号，简称《职业能力标准》）下发，对辅导员职业概况、基本要求和各职业等级能力标准都进行了规范与要求，高校辅导员队伍的职业化、专业化建设进入一个新阶段。随着辅导员队伍实践的推进和思想政治教育学科的不断发展，高校辅导员理论研究也逐步在思想政治教育学科中占据重要位置。选择高校辅导员职业生涯发展研究作为本书的选题，主要缘于以下思考：

一、缘于对高校辅导员职业生涯发展面临诸多现实问题的关切

近年来，辅导员队伍建设已经具备了良好的政策环境和实践基础，但缺乏理论支持，需要系统的理论研究支撑实践的顺畅进行。

在实践工作层面，各地各高校不断加强高校辅导员队伍建设，职业化、专业化成为新时期高校辅导员队伍建设的基本方向。在顶层设计方面，扎实

推进“16 号文件”和“24 号令”等文件的贯彻落实，保证队伍规模的稳定适度增长。专职辅导员队伍人数已从 2006 年的 6.9 万增加到 2016 年的 13.3 万，翻了近一番。整体来看，专职辅导员人数配备已基本达到国家要求，各高校辅导员队伍的格局基本呈现出专职为主、专兼结合的特征。此外，高校辅导员的学历层次不断提升，各项结构日趋合理。“各地各高校积极落实辅导员双重身份、双重管理、双线晋升相关政策，积极搭建辅导员发挥作用、施展抱负的平台，使他们工作有条件、干事有平台、发展有空间、待遇有保障，调动了广大辅导员工作的积极性。”①

但在现实工作中，辅导员队伍发展并非尽如人意。尽管保证了高校辅导员终身从事该工作的政策环境和可能性，但从现实情况看，相比其他职业，这支队伍的流动性依然较大，外界对辅导员的职业认知依然不尽全面，高校辅导员在工作中依然面临着专业化要求较高与职业化素质提升不足的矛盾，过渡性职业定位与终身化职业需求的矛盾依然突出，这些使辅导员队伍发展在良好的政策环境中显得有些徘徊。对辅导员群体而言，在政策环境良好的情况下，加强职业生涯发展是一项必要的实践，如何使职业发展有持续性的动力也是一个迫切的理论课题。高校辅导员队伍有没有必要做职业生涯规划以及如何做职业生涯规划？高校辅导员职业生涯发展这一理论与实践命题的内涵到底是什么？应包括什么样的内容结构？具有哪些过程性规律？当今高校辅导员职业发展现状究竟如何？影响因素及问题何在？高校辅导员职业生涯发展的突破路径指向何处？如何形成科学合理的高校辅导员职业生涯发展实践体系？各职能部门如何通过管理高校辅导员职业生涯进一步加强辅导员队伍建设？正是对这些问题的兴趣和关注成为笔者研究高校辅导员队伍发展现状及未来的动力。

二、缘于高校辅导员理论研究进一步深入发展的需要

当前，高校辅导员理论研究已经成为思想政治教育应用研究的重要组成

① 冯刚．高校辅导员队伍专业化、职业化建设的发展路径：《普通高等学校辅导员队伍建设规定》颁布十年的回顾与展望．思想理论教育，2016（11）：4－9.

部分。思想政治教育学科自 1984 年创立以来，伴随着改革开放的深化而不断成长，实现了跨越式的发展。思想政治教育学科应用性较强，思想政治教育应用研究作为学科的重要组成部分，在推进学科发展历程中有着重要地位。1984 年学科初创之际，思想政治教育学科坚持理论的主导性并借鉴其他学科的研究方法，建构了具有思想政治教育学科特征的“认识-实践”理论体系。同时以教育对象的特点、心理、成长规律等为研究对象，开展方法论研究，学科的应用性特征也逐渐突显并发挥作用。在学科发展过程中，不断根据国家的总体需要，统筹学科发展的新要求、新领域、新问题，并围绕现实中的重要理论与实践命题，系统深入地研究了诸多核心问题，并努力在理论上进行突破与创新。“辅导员工作的理论与方法体系”“网络思想政治教育理论与方法”“心理健康教育”等主题一同进入了思想政治教育学科的理论视野。

比较而言，在学科理论研究的总体格局中，作为思想政治教育学科理论研究的重要组成部分，高校辅导员工作的理论研究起步较晚，基础理论研究更显薄弱，许多研究在一定程度上还带有经验主义和工具主义的痕迹。所谓“经验主义”，是指某些高校辅导员研究成果只关注和总结工作层面的具体问题和具体经验，缺乏对问题与问题之间的相互联系及内在形成机理的深入研究探讨，缺乏对高校辅导员具体经验的凝练提升，难以形成科学层面的“规律性”议程，缺乏普遍的指导意义。所谓“工具主义”是指一些高校辅导员工作研究成果只是将辅导员岗位及其从业人员置于客体地位，重视挖掘和发挥他们满足社会、学校和学生需要的工具价值，而忽略了辅导员岗位对于主体自身成长发展的人本价值，工具主义遮蔽了高校辅导员工作研究的主体视野，忽视了“主体”这一意蕴深远的问题。当此之时，高校辅导员研究应呼应思想政治教育研究人本性的范式要求，瞄准高校辅导员主体。同时，从马克思主义视角理解，人的本质是社会关系的总和，也即各种社会角色的总和，其中，社会关系中的职业角色是人的经济关系的体现，是理解人、把握人的基础关系，正是基于马克思主义人的本质理论的启发，本书将理论研究的着力点聚焦于高校辅导员职业生涯发展这一关键问题，将高校辅导员理论研究引向实践，进而把高校辅导员问题的研究提高到学科水平。

第二节 研究综述

本研究的主题是高校辅导员职业生涯发展，归结起来，关于这一选题，目前学者已开展诸多研究，但较为系统的梳理尚未多见，更多的是结合自身学术背景与研究旨趣对高校辅导员职业生涯发展的某一方向的内容进行深入的理论研究。我们将国内外学界对“职业生涯发展”“高校辅导员”“高校辅导员职业生涯发展”等相关的研究情况归纳综述如下。

一、关于职业生涯发展的基本理论研究

（一）职业生涯发展的经典理论

“职业生涯发展研究”源于西方国家，兴起于20世纪60年代，早期的研究主要集中于对企业员工的工作和职业生涯规划的讨论，关注重点在于如何使员工制定有效的发展策略，实现自身的职业理想和目标，即以职业生涯规划为导向。20世纪80年代以后，“管理”概念进入职业生涯发展研究的范畴，职业生涯发展的管理成为公司提高组织运行的有效手段，公司对员工的职业生涯管理成为促进员工个体职业发展和公司整体发展的重要策略。进入20世纪90年代，职业生涯管理的关注点由公司主导转向寻求公司与员工二者的平衡，许多从业者不断注重自身的职业生涯规划，并努力将自身发展与公司发展目标融合统一；许多国家的大型企业也开始将职业生涯管理作为人力资源管理的重要内容。作为伴随实践不断发展的一套理论体系，职业发展理论在50多年的发展历程中，产生了一系列具有代表性的专家学者与经典理论观点，较为著名的学者及观点可以分为三大类，即职业选择理论、职业发展阶段理论和职业建构理论，下面分别对三个经典理论进行分析。

职业选择理论中具有代表性的观点主要有职业锚理论和人职匹配理论。麻省理工学院的施恩（Edgar H. Schein）在1978年首次提出了“职业锚”理论，其主体思想是指当一个人面临职业决策时，最为看重的价值观，是一种

人们在选择和发展自己的职业时所坚守的职业定位。他把职业锚分为八种类型：(1) 技术型（technical functional competence）职业锚；(2) 管理能力型（general managerial competence）职业锚；(3) 创业创造型（entrepreneurial creativity）职业锚；(4) 稳定型（security stability）职业锚；(5) 自主型（autonomy independence）职业锚；(6) 服务型（service dedication to a cause）职业锚；(7) 挑战型（pure challenge）职业锚；(8) 生活型（lifestyle）职业锚[①]。人职匹配理论包括帕森斯（F. Parsons）创立的特质因素理论和霍兰德（Holland）的职业性向理论。帕森斯在其所著的《选择职业》中提出，个体的职业选择须考察三方面因素，即“知己、知彼与决策”。首先，应清楚地了解自己，对自我的职业兴趣、基本技能、人生观念、发展目标，以及背景和资源有客观的认识和了解；其次，要对目标职业有明确了解，对求职成功的条件、必要知识、不同岗位的有利因素和不利条件，以及今后的发展机会和前途有所了解；最后，根据前面两个阶段的基本判断，明确最佳职业选择[②]。而职业选择理论中具有代表性的是霍兰德的职业人格类型论。

职业发展阶段理论主要有“三阶段论”和“五阶段论”。美国的金斯伯格（Eli Ginzberg）和舒伯（Donald E. Super）提出了职业生涯发展理论。1951年，金斯伯格提出职业是贯穿个体生活中连续、长期的发展过程，他把人的职业发展阶段分成幻想期（11岁以前）、尝试期（11～17岁）、现实期（17岁以后）三个阶段[③]。1957年，舒伯在《职业生涯心理学》中首次使用“职业生涯”概念，他将金斯伯格的“三阶段论”进一步拓展为五阶段，即成长、探索、建立、维持和退出，形成了职业生涯发展理论的基础性观点。在此后的研究中，舒伯不断拓宽研究视野，形成了一个新的观点——“生活广度、生活空间”的职业生涯发展观，他把角色理论融入职业生涯发展阶段理论，认为人一生中必须扮演多重角色：子女、学生、公民、工作者、配

---

① KENEETH A，et al. Using Holland's theory to study patterns of college student success：the impact of major field on students. Higher education：handbook of theory and research，2008（23）：329－380.

② FRANK P. Choosing a vocation. Boston：Houghton Mifflin，1909：190.

③ BLOOMFIELD M. School and vocation. Boston，MA：Houghton Miffin Company，1915.

偶、父母和退休者等等，重点分析了职业生涯发展阶段与人生角色相互影响的关系，描绘出“职业生涯的彩虹图”，直观地展现了个体生命的长度（阶段）、宽度（角色）和深度（个人对角色的投入程度）等职业生涯发展的重要维度。

职业建构理论的代表性人物为克朗伯茨（Krumboltz），他首先将班杜拉（Albert Bandura）的行为主义理论引入职业生涯领域并进行创新，提出个体对他人行为的学习和模仿决定了其社会成熟度，进而也对其职业取向有所影响。在此基础上，克朗伯茨还提出影响职业决策的因素除了学习经验外，还有遗传因素、环境因素以及处理任务的技能等，即“四因素”理论。他认为，上述四种因素相互作用，共同对个体的职业生涯发展产生影响。克朗伯茨意在强调，影响一个人职业生涯的是学习遗传环境和职业技能素养综合产生影响的结果。1996 年，克朗伯茨提出了职业生涯发展的“主动建构理论”。该理论认为，在遗传环境条件一定的情况下，主体自身的努力对职业生涯发展起决定性作用，并指出，职业生涯发展是一个自我了解及不同阶段选择职业发展方向的过程。遗传环境因素以多种方式影响我们的生涯决策，而个体的职业信念与发展目标是我们关注职业生涯发展的重要点位。这就能够解释一种常见现象：有些热门专业，个人不努力，绩效平平；而有些冷门专业，只要个人努力，也能干得风生水起。因此，职业生涯发展是一个主动建构的过程。

上述重点介绍的三种理论，在职业生涯发展研究和实践方面具有较大的影响力。除此之外，还有一些与职业生涯理论相关的理论，如戴维斯等人的工作适应理论、罗伊的心理需求理论、鲍丁的心理动力论、兰特的社会认知论、盖瑞·彼得森等提出的认知信息加工理论、普拉哈拉德等提出的核心竞争力理论、麦克里兰提出的冰山模型和洋葱模型等。从职业生涯管理的理论发展及其在实践中的部分成功应用可以看出，它融合了心理学、经济学、教育学和社会学等多学科的视域，进一步扩展了职业生涯理论研究的范畴，在理论框架上丰富了职业生涯发展的研究体系，促进了职业生涯发展理论研究的综合化、系统化发展。

（二）职业生涯发展研究在我国的进展

职业生涯发展理论于 20 世纪 90 年代中期传入我国，在短时间内快速发展，取得一系列研究成果，并对实践具有一定的指导意义。但总体来看，国内学者较少有人提出完备的关于职业生涯发展的基础性理论，相对而言，廖泉文教授的研究成果，以职业生涯发展历程为研究的切入点，提出职业生涯发展“三三三”理论，即将个体职业生涯过程划分为输入阶段、输出阶段、淡出阶段。每个阶段又分为三个子阶段：适应阶段、创新阶段、再适应阶段，每个子阶段又分为三种情况：顺利晋升、原地踏步、降到波谷①。笔者认为廖泉文教授的职业生涯发展“三三三”理论更符合我国实际情况。尽管有较多的学者进行职业生涯发展的研究，但是大多数研究都只是涉及个体职业兴趣、家庭生活环境、年龄阶段、企业文化等某个方面的影响因素，缺乏整体性关照。

从研究对象上看，国内关于职业生涯发展的研究主要集中于大学生、教师、企业员工等群体。关于大学生职业生涯发展的研究，学者们主要围绕其问题与对策、教学与课程建设以及大学生就业指导体系建设等相关问题进行多维度研究。李学强把大学生职业生涯发展存在的问题归结为“人才测评工具选取随意、职业意识和竞争意识薄弱、高校培养目标偏离社会导向、职业生涯规划与人生发展阶段未有效衔接以及大学生行动力不足”②。高香等人提出，高校重视程度不够、大学生自我评价和职业期望过高、大学生主动性不足等问题制约了大学生的职业生涯发展③。针对大学生职业生涯发展存在的各种问题，学者们提出了各自的对策。其中，梅宪宾指出，高校应加强大学生的社会实践，从意识培养、课程建设、测评工具研发引进等维度加强大学生职业生涯规划教育。

---

① 廖泉文．职业生涯发展的“三三三”理论．中国人力资源开发，2004（9）：21－23.

② 李学强．大学生职业生涯规划的现状与对策．山西省政法管理干部学院学报，2006（1）：68－70.

③ 高香，赵志玲，顾少海．浅谈当前大学生职业生涯规划存在的问题与对策．中国大学生就业，2007（15）：120－121.

关于教师群体职业生涯发展的研究，我国学者围绕职业倦怠、职业压力、职业满意度等方面展开了一系列研究。曾玲娟、伍新春认为，职业倦怠是教师在面对工作压力时所表现出的一种极端反应，是教师在长期高压工作体验下产生的情感、态度和行为的衰竭状态，其典型症状主要有工作满意度较低、工作热情及兴趣的丧失、情感的疏离和冷漠[①]。研究表明，职业倦怠与个体的人格特征相关。自信心低、目标期望高、自我评价不准确的人更易进入职业倦怠状态。教师这一职业具有一定的群体特性，社会期望的高要求使教师群体具有较强的自尊心，职业目标定位偏高，容易因职业发展目标的失败而进入职业倦怠状态。

针对企业员工的职业生涯发展的研究，大多数为套用国外理论框架对当前国内企业单位员工的人职匹配情况、职业高原情况、职业成熟度等方面的内容以及组织管理的情况等展开研究。比较而言，国内引入、分析和评价职业生涯发展理论的研究已渐趋成熟，职业生涯发展对人力资源管理的重要作用得到了普遍认同。许多学者对我国职业生涯发展的问题展开定性分析，并尝试借鉴国外现有的成熟模式构建我国企业员工的职业生涯发展模式，取得了积极成果。如阮爱君等人分析了我国不同企业的不同组织特性，并提出多种职业生涯管理的组合模式[②]。龙立荣融合了心理学研究视域，重点对职业承诺的理论与测量展开研究[③]。

21 世纪以来，职业生涯发展的理论研究领域不断扩展，学者们开始尝试将职业生涯管理理论运用到政府部门、事业单位的员工管理中。有少数研究针对公务员群体[④]和运动员群体[⑤]，主要研究这些特殊群体职业生涯的组织管理模式。这些研究都为本研究的顺利开展提供了较好的理论借鉴和模式参考。

---

① 曾玲娟，伍新春．国外职业倦怠研究概说．沈阳师范大学学报（社会科学版），2003（1）：81－84.

② 阮爱君，陈劲．组织职业生涯发展管理的未来走向：与组织特性及相关因素相结合．软科学，2004（1）：94－96.

③ 龙立荣．企业员工自我职业生涯管理的影响因素．心理学报，2003（4）：541－545.

④ 梁文懋，杨龙兴．我国公务员职业生涯规划支持体系建设刍议．江西社会科学，2006（8）：129－132.

⑤ 李强．运动员职业生涯规划的发展研究．体育与科学，2010（1）：88－92.

归结而言，国外职业生涯发展方面的研究已经颇成体系，有代表性的人物和理论体系，而这些理论在国内的适用性上依然存在两个最根本的问题：一是国外理论如何在国内向本土化转化，二是同一理论如何针对不同的群体进行调适。这些是国内职业生涯发展研究亟须突破的关键问题。可以说，到目前为止，国内依然缺乏对职业生涯发展的系统性研究。这说明一个问题：我国职业生涯发展理论研究对西方关于职业生涯发展的理论研究进行创新和借鉴，同时也严重受到西方职业生涯发展理论框架的制约，难以突破西方职业生涯管理研究成果的限制。尽管国内把职业生涯发展的研究聚焦于大学生、企业员工、教师等重点群体，但现有的研究成果关注微观问题的多，建构宏观理论体系的少，较少有理论创新和独特视角的成果。这种情况导致我国职业生涯发展宏观层次的研究稍稍滞后，微观层次的研究亟待走向纵深。

二、关于高校辅导员的研究

近年来，尤其是“24号令”发布以来，辅导员在高校思想政治教育中的地位作用逐步明确，以“高校辅导员”为主题的理论成果不断丰富，在中国知网（CNKI）以“辅导员”为关键字检索出的论文数量如图1所示（2004—2018年）。

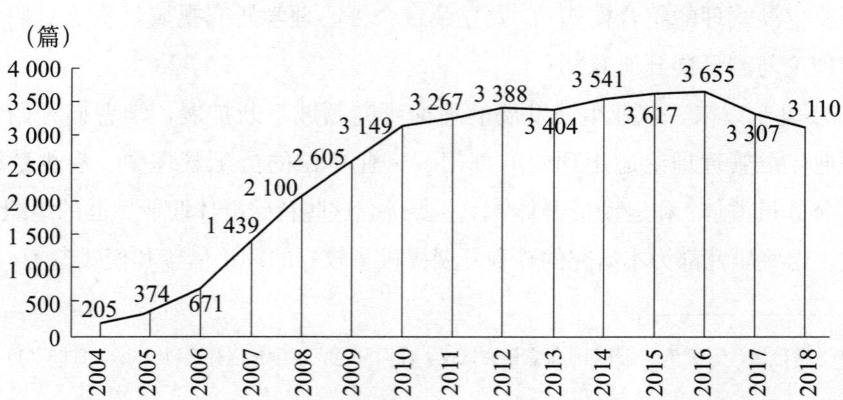

图1　高校辅导员研究成果数量趋势图

资料来源：CNKI，截至2019年4月的数据。

不难看出，当前，高校辅导员方面的理论研究成果呈逐年递增趋势，研究内容较为集中，关键词主要是“高校”“辅导员”“思想政治教育”“大学生”“队伍建设”等，“职业化”“专业化”“职业倦怠”等主题的研究内容也日渐成为高校辅导员相关理论研究的热点内容。在此基础上，我们选取重要学者的文献进行了分析，同时对高校辅导员理论研究的相关著作进行了研究，总体而言，关于高校辅导员的研究成果可以从以下三条线索进行综述：

一是关于高校辅导员的元理论研究。这类研究主要针对高校辅导员工作的基本特性、基本范畴、任务使命等内容展开分析，高校辅导员学和高校辅导员工作学等研究领域的开辟是最显性的成果。罗山鸿早在 2007 年就试图分析“辅导员”相关研究作为一门学科的合理性及其发展趋势，他提出“辅导员学”的概念，把研究对象聚焦于辅导员和辅导员工作，认为辅导员学的理论支撑来源于思想政治教育学、管理学，并综合运用教育学、心理学等多门学科知识理论和研究方法研究高校辅导员学，并指出辅导员学依托思想政治教育学而发展，即依托思想政治教育学的理论、专业教学、科研队伍来推进辅导员学的发展成熟①。曲建武等人 2007 年出版了《高校辅导员工作学》一书，并明确提出必须建构高校辅导员工作学科，完备高校辅导员工作理论体系，并建议在我国学科分类中，在高等教育学或思想政治学中增设高校辅导员工作学科，创办高校辅导员工作专业②。这一观点主要从学科建设的角度切入，对高校辅导员工作学的研究对象、理论体系和学科特点进行了初步探索。

2010 年，东北师范大学杨晓慧教授等发表《高校辅导员主体论探析》《关于高校辅导员本质的几点探讨》《高校辅导员职业信念形成机制论析》《新时期高校辅导员职业活动的运行机理探究》《论高校辅导员角色自我觉知》《浅论高校辅导员的审美自觉》等系列研究论文，提出高校辅导员主体研究范式的问题。高校辅导员主体研究是指从辅导员主体视角出发，以辅导员理论及实践问题为研究对象，以辅导员主体性的静态构成和动态发展为研究内容，

---

① 罗山鸿．论辅导员学构成与学科依托性发展．思想理论教育，2007（23）：78-82.

② 曲建武，熊晓梅，张伯威．高校辅导员工作学．大连：辽宁大学出版社，2007：181-182.

以辅导员成长发展为研究目标，坚持中国立场，强调问题意识，以本体性原则、价值性原则和实践性原则为方法论指导，以学术话语、生活话语、政治话语或文件话语为话语方式的研究范式①，并围绕高校辅导员本质的存在性、多维性、层次性、发展性等基本问题做初步探讨②；提出高校辅导员职业信念是一个多元的、多层次的系统，其形成机制是由多个环节组成的互相作用的关系③；深入分析高校辅导员职业运行系统的基本构成，集中探讨职业运行过程的接收反馈机理、集散整合机理、转化创新机理、参与互动机理和横纵联动机理④；探讨辅导员角色自我觉知的内涵、形成过程及其实现途径⑤；系统解读辅导员审美自觉所具有的政治美向人本美、自我中心向非自我中心、欣赏美向创造美转化的内在特征，以期实现对当前高校辅导员审美人格形象的全新塑造⑥。随后，李忠军出版专著《高校辅导员主体论》，提出高校辅导员主体论要“着眼于辅导员个人主体的发展，关注辅导员个人主体的内在需要与现实满足之间的矛盾，才能把握辅导员研究及实践的关键问题”，并提出作为人的辅导员的界本质，作为职业群体的辅导员的类本质，工作的基层性、职责的综合性、执业的广泛性与学生的成长互动性的种本质，政治性的亚种本质，辅导员个体独有的价值观念与人格特征的个体本质等五个层级的本质属性。

李晓娟在《高校辅导员工作学基本问题研究》中提出高校辅导员工作学是“研究高校辅导员从事的大学生日常思想政治教育、管理、服务等相关实践活动及其规律的系统化知识体系”，建构了“思想与行为的起点范畴”“辅

---

① 杨晓慧．高校辅导员主体论探析．东北师大学报（哲学社会科学版），2010（6）：158-163.

② 李忠军．关于高校辅导员本质的几点探讨．东北师大学报（哲学社会科学版），2010（6）：164-168.

③ 高地．高校辅导员职业信念形成机制论析．东北师大学报（哲学社会科学版），2010（6）：169-172.

④ 韩丽颖．新时期高校辅导员职业活动的运行机理探究．东北师大学报（哲学社会科学版），2010（6）.

⑤ 魏义梅．论高校辅导员角色自我觉知．东北师大学报（哲学社会科学版），2010（6）：177-180.

⑥ 金昕．浅论高校辅导员的审美自觉．东北师大学报（哲学社会科学版），2010（6）：181-183.

导员与大学生的中心范畴”“日常教育与管理、服务与辅导、组织与协调、内化与外化的中介范畴”“个人与社会的终点范畴”等由简单到复杂、由抽象到具体的逻辑关系基本范畴体系[①]。关于高校辅导员的身份及角色定位也是元理论研究的重要组成部分。陈勇等人提出，确立辅导员的双重身份，有利于提高大学生思想政治教育的成效，但是辅导员要从双重身份逐步向职级分化和专业分化两个方向发展，既双重身份定位合理性，同时又进一步推动辅导员的职业化、专业化发展，使双重身份成为高校辅导员蕴含既是“工作岗位”又是“职业”的双重特征[②]。白显良对高校辅导员的角色定位进行了深入探讨，他认为，作为学生的人生导师，高校辅导员的角色定位与学业导师是对应和区分的，这对高校辅导员开展各项工作提出更高的要求[③]。但就研究的总体状况而言，关于高校辅导员的元理论研究成果相比其他方面的研究内容较为罕见，这对建立高校辅导员学而言，尚缺乏较为丰富的理论和学科基础。

二是关于高校辅导员队伍职业化建设与专业化发展的研究。关于辅导员队伍建设的研究成果较多，总体而言，研究多从问题切入，并从实践对策的角度提出高校辅导员的素质结构及辅导员队伍建设的政策建议。关于此方面的研究形成了较为丰富的理论成果，以张再兴的《高校辅导员队伍建设理论与实践》为代表的理论著作研究观点明确、体系架构完整，形成了较为完备的辅导员发展的理论知识结构，并且较为详尽地阐述了高校辅导员队伍的性质、职能等基础命题。与此同时，对高校辅导员发展体系与培养体系的建构还不尽完善。此方面的论文成果更为丰富，秦涛等人以高校辅导员为思想政治教育工作者研究的前提，从学科的视角出发，运用思想政治教育专业的基本理论与方法，将研究指向辅导员如何履行职责，提出提高辅导员素质的具体举措以及队伍建设的建议[④]。这些观点更多关注辅导员作为思想政治教育工

---

① 李晓娟．高校辅导员工作学基本问题研究．重庆：西南大学，2012.

② 陈勇，朱平．高校辅导员“双重身份”的现实与未来．思想理论教育导刊，2016（10）：144-148.

③ 白显良．论高校辅导员人生导师的角色定位．高校辅导员，2016（1）：3-7.

④ 秦涛，刘伟．借鉴与思考：高校辅导员队伍建设的趋势研究．思想教育研究，2009（S1）：72-74.

作者的角色，未能完全考虑到高校辅导员的日常管理与服务等工作职能，难以全面解决辅导员全方位负责学生教育管理工作时遇到的各种问题，这就导致理论与现实的对接过程有偏差，进而不能有效指导高校辅导员的发展。随着高校辅导员队伍建设的不断推进，研究者也逐渐把“职业化、专业化”作为研究的重点方向，职业化建设与专业化发展成为高校辅导员理论研究的重点内容，这些丰富的研究成果对高校辅导员专业化发展的研究具有较强的借鉴意义。

关于职业化建设方面的研究，冯刚认为要“制定辅导员的职业标准体系，研究专业化的知识体系，建设专业化的课程体系和教材，建设专业化的培训机构和师资队伍，建设专业化的评价标准和管理机构”[①]。杨晓慧教授认为，加强高校辅导员队伍建设，需重点解决“全面准确理解辅导员队伍专业化的科学内涵，清晰认识培训培养与专业化之间的关系，深入研究通过加强培训培养来推进辅导员队伍专业化建设的工作方式和方法”[②] 这三个关键问题。秦涛等人提出建立“专门的培训计划和培养规划，对辅导员的职业素养、职业行为、职业技能进行系统教育和培训，提升辅导员在教育学、心理学和社会学等领域的理论素养和运用能力，达到行业的职业标准，形成过硬的职业能力和素质”[③]，构建辅导员队伍培养机制；沈壮海教授把研究视角确定为教育辅导员如何做好科研，提出高校辅导员应当在“注意强化问题意识、做足文献工作、把握实践进展、勤于独立思考、严守学术规范”[④] 等方面提升自身学术修养。陈志丹则以提升科研能力为切入点，提出培养机制的构建，辅导员科研能力的培养最关键的问题是如何根据个体辅导员从事科研工作的特征，从认知、实践、思维三个层面进行科学有效的培训与激励，使他的理论水平、实践智慧和问题反思能力得到提升。同时，建立科研人才队伍保障机制、岗

---

① 冯刚．论辅导员的专业化培养和职业化发展．思想教育研究，2007（11）：13-15.

② 杨晓慧．培训培养与高校辅导员队伍专业化研究．思想理论教育，2008（13）：87-90.

③ 秦涛，刘伟．借鉴与思考：高校辅导员队伍建设的趋势研究．思想教育研究，2009（S1）：72-74.

④ 沈壮海．辅导员如何做科研．思想政治教育研究，2012（3）：99-102.

位管理促进机制及科研能力强化机制[①]。

关于专业化发展方面的研究也是高校辅导员队伍发展研究的重点。李琳提出，高校辅导员可以从身份认同、师生关系、教育效果三个方面加深认识，改进观念，提升能力[②]。朱建飞在论文中将知识管理理论实践于高校辅导员队伍建设，提出要注重做好顶层设计，建立相关组织机构和技术平台，打造专属高效能的“知识库”，积极推动辅导员工作领域的隐性知识分享与传播[③]。楼艳、叶文提出了基于导师制的团队合作模式，他们认为这种模式可促成辅导员队伍“发展共同体”的团队合作局面、“辅导员职业文化”的传承创新机制和“专业化、专家型”的辅导员职业认同，为克服当前队伍发展中面临的瓶颈问题、促进队伍的专业化发展提供一种新范式[④]。龚春蕾提出要建立培养辅导员专业硕士、开发职业能力标准的制度，强化辅导员校本培训模式，优化辅导员物质激励、精神激励、生涯发展激励制度。诸多关于辅导员专业化发展的研究成果，更多地探讨了高校辅导员队伍专业化建设的对策，且多根据自身的认知体验提出了较为泛化的建议，在对现实工作的分析、对辅导员专业化发展的理论阐述等层面的研究还不够。

三是关于高校辅导员体制机制的研究。这类研究主要涉及辅导员的管理体制与选聘、培训、考核、晋升等方面的运行机制研究。张再兴教授在《高校辅导员队伍建设理论与实践》一书中提出要建立健全学校和院系“双重领导”的体制与坚持落实教师和干部“双重身份”的管理体制，不断完善高校辅导员选聘、激励、考评、培训、发展、保障机制[⑤]。李忠军教授认为，《职业能力标准》把高校辅导员职业能力分为基础层、中间层、高度层三个层级，统一了我国高校辅导员职业能力构成和建设的政策标准，明晰了立足

---

① 陈志丹．基于科研能力成长模型的辅导员培养机制研究．邢台职业技术学院学报，2011（4）：43－44.

② 李琳．高校辅导员职业能力提升的三维考察．思想理论教育导刊，2016（7）：144－146.

③ 朱建飞．知识管理理论在高校辅导员队伍建设中的应用．学校党建与思想教育，2017（2）：43－46.

④ 楼艳，叶文．基于导师制的团队合作辅导员专业化发展模式探索．思想理论教育，2017（1）：104－107.

⑤ 张再兴．高校辅导员队伍建设理论与实践．北京：人民出版社，2010：227－247.

职业准入、职业考核、培养与发展及职业退出等维度加强高校辅导员职业能力建设的依据和目标，是新时期推动高校辅导员专业化发展的重要政策指南[①]。

辅导员考核制度是辅导员体制机制研究的重要内容。研究者从基本原则、参与度、指标体系、结果反馈等维度展开了诸多研究，形成系列成果，其中，有研究者将科研方法引入考核机制建设，例如，庞鑫培提出基于360度反馈评价的辅导员队伍满意度测评模型的基本观点，即将了解和熟悉辅导员队伍的相关人员，如上级领导、普通教师、学生、其他部门及自身作为多维的评价资源，对辅导员队伍的工作作风和工作绩效等提供客观、真实的反馈信息，找出学生工作部门及辅导员自身的优劣势[②]。朱正昌指出，辅导员工作考核应以评促建、以评促管，建立能进能出、竞争择优、有效激励、充满活力的思想政治教育队伍用人机制，在考核指标上建立思想政治状况、日常工作开展情况及效果、学生指导及教学情况、学术研究情况等方面的指标体系；在考核方式上要采取个人自评、学生评议、院系考评和学校职能部门考评相结合的方式；考评等级分为优秀、合格、不合格三个等级，并对优秀名额限制比例[③]。对于辅导员的考核办法，学界从不同角度来开展研究。具有代表性的观点有：古力、王霞以帕累托曲线的主次关系为重要参考依据，提出ABC分类管理方法，指出辅导员绩效考核要从目标管理上理清ABC顺序，A类作为特色指标，重点扶持，与学校的发展战略相统一；B类为基本指标，实施目标责任制管理，与年度考核保持一致；C类为保底指标，是安全底线，作为常规检查对象[④]。

对辅导员培训、晋升、激励等方面的相关研究也属体制机制研究的一项重点内容。有的学者指出当前培训存在的问题，并指出有针对性的策略。陈

---

① 李忠军．以职业能力建设为核心推动高校辅导员队伍专业化发展．思想理论教育，2014（12）：97－102.

② 庞鑫培．基于360度反馈评价的高校辅导员发展机制研究．浙江工业大学学报（社会科学版），2008（2）.

③ 朱正昌．高校辅导员队伍建设研究．北京：人民出版社，2010：244－246.

④ 古力，王霞．高校辅导员绩效考核研究．中国成人教育，2011（12）：33－35.

发祥、方毅借助实践社区的概念对辅导员培训体系展开研究，着重从社区规划、协调者、知识共享、科技环境、外部环境和政策激励六个方面具体阐述实践社区的构建和维护①。马林海从培训理念、培训内容、培训方式、培训师资等方面提出具体的问题，并将行动学习作为辅导员培训模式创新的突破口，制订了明确的实施方案、实施步骤，强调了实施要点②。李永山指出，高校辅导员培训应坚持以提升职业能力为重点，聚焦不同层级的发展需求，遵循职业发展和能力发展规律，明确不同层级的培训目标，系统规划分级培训内容，因材施教确立培训方式方法③。关于辅导员晋升和激励机制的问题，现有的研究成果相对较少。代表性观点有：张再兴等认为要积极拓宽辅导员的发展渠道，激励优秀骨干辅导员向专家化、职业化方向发展，积极拓宽辅导员非专业化的发展空间，加强对辅导员个体职业生涯规划的指导等④。张益提出，高校辅导员队伍建设应当在《职业能力标准》框架下构建层级系统的图式模型，建立基础层、发展层、专家层三级模式的高校辅导员层级系统⑤。

可见，高校辅导员的相关理论研究已经进入思想政治教育学科视域，并成为其中一项重要内容，但总体来看，相关研究成果还显薄弱，在某种程度上难以达到学科应有的水平和理论高度。当前，对辅导员队伍建设的重视程度不断提高，关注辅导员工作与辅导员职业发展等问题的学者和研究成果也越来越多，但总体而言，在高校辅导员选聘、培训、考核、晋升等一系列重大实践问题上理论研究薄弱、缺位，实践上尚无成熟定型的做法。如何有效把握这些问题并进行归因分析，如何在理论层面破解实践中的难题，找到解决问题的思想路径，是当前和今后一段时间本领域研究的一项重要任务。这

---

① 陈发祥，方毅．将实践社区理念引入辅导员培训体系的思考．中国成人教育，2009（22）：67－68.

② 马林海．行动学习：高校辅导员培训模式创新的突破口．思想教育研究，2010（9）：94－97.

③ 李永山．构建以能力为导向的高校辅导员分层培训体系．思想理论教育导刊，2016（4）：134－137.

④ 张再兴，张瑜．加强高校网络辅导员队伍建设 占领网络思想政治教育新阵地．高校理论战线，2006（5）：36－40.

⑤ 张益．高校辅导员职业能力分级培训体系的层级图式模型建构研究．思想教育研究，2015（4）：102－105.

是其一。同时，相关研究重点的把握和研究方法的创新也是当前研究需要关注的问题所在。

三、关于高校辅导员职业生涯发展的研究

相比其他方面的研究，关于高校辅导员职业生涯发展研究的问题是更为深层次的问题。目前检索到三部相关著作，分别是刘海春编写的《高校辅导员职业生涯发展教程》（人民出版社，2009 年）、翁铁慧所著的《高校辅导员职业生涯规划》（高等教育出版社，2011 年），以及赵睿等人所著的《高校辅导员职业生涯管理研究》（中国书籍出版社，2012 年）。《高校辅导员职业生涯发展教程》和《高校辅导员职业生涯规划》均为高校辅导员培训教材。前者主要从实务指导的角度为高校辅导员职业生涯规划提供实践范式；后者在基本概念分析与理论介绍的基础上，提供高校辅导员组织、管理、评估等方面的指导。总体而言，现有理论成果的主要研究内容集中在以下两方面：

一是关于高校辅导员职业生涯发展的基本问题研究。主要是对高校辅导员职业生涯的基本内涵、基本过程、基本现状、影响因素等方面的研究进行评述。关于高校辅导员职业生涯基本内涵的理解大体分为两类：一类是以高校组织管理的角度为出发点，把辅导员职业生涯视为辅导员群体的职位晋升。比如赵睿认为，学校对辅导员进行职业生涯规划，是指对辅导员进行分析与定位，帮助其确立职业发展的方向与目标，制定职业发展计划，开展与职业生涯管理相结合的绩效评估与修正工作，促进辅导员职业生涯发展[①]。高国希等人在研究中指出，高校辅导员职业生涯规划是指各级组织对于辅导员发展的规划和辅导员个人对于自身职业发展的设计和筹划，既符合一般职业生涯规划的普遍规律，又有自身独特的规律和要求[②]。另一类则是从辅导员个体的视角出发，把职业生涯看作高校辅导员个体的规划。如叶绍灿等人提出，高校辅导员的职业生涯规划是辅导员和高校在客观分析自身主观因素和客观环

① 赵睿．职业生涯管理与辅导员职业化发展．思想理论教育，2007（19）：79－83.

② 高国希，刘承功，陈郭华．如何认识辅导员职业发展与职业生涯规划．思想理论教育导刊，2009（6）：115－119.

境的基础上，确立自己从事高校辅导员这一职业的发展目标，并制定相应的工作、教育、培训计划，按照一定的时间安排，采取必要的行动，并围绕短期、中期或长期的职业目标而不断奋斗[①]。在其博士论文中，叶绍灿又把高校辅导员职业生涯定义为：高校辅导员从职业生涯目标的确立、职业生涯策略的制定与实施、职业生涯目标的实现（职业生涯的成功），到最后完全退出辅导员岗位这样一个完整的职业生涯发展过程[②]。

关于高校辅导员职业生涯的周期过程研究，学者们也提出诸多不同的观点。彭庆红等人参照罗宾斯的职业理论，把我国高校专职辅导员的职业生涯从整体上划分为探索期（求学阶段后期）、建立期（应聘辅导员工作后，建立辅导员职业认同及个人发展规划的阶段）、职业中期（工作绩效保持稳定并不断改进，形成自己的职业锚的时期）、职业后期（积累并提升经验，形成权威，向他人分享知识与经验，并享受自身职业生涯的荣誉与工作乐趣的时期）和衰退期（从职业发展的高峰状态衰落，逐步退出职业生涯，转向新的社会角色的阶段）五个阶段[③]。翁铁慧认为，高校辅导员职业生涯周期大致分为：入职适应期、成长发展期、倦怠调整期、超越发展期和职业流动期五个阶段，同时他还提出，兼职高校辅导员是高校辅导员队伍的重要组成部分，其职业生涯通常只是个体职业生涯中的一个阶段，因此，短周期和长周期对高校辅导员职业生涯发展阶段提出了不同要求[④]。

对高校辅导员职业生涯发展的基本现状与影响因素进行研究也是一项重要内容。赵睿等人在《高校辅导员职业生涯管理研究》一书中通过调研发现，高校辅导员的职业认同度较低，同时对自身职业建设与职业发展前景尚有疑虑，因此职业评价、职业荣耀感及工作满意度较低。同时，调研还发现高校辅导员

---

① 叶绍灿，王峰．高校辅导员职业生涯规划的内容、原则与模型．高校辅导员学刊，2010（4）：87－90.

② 叶绍灿．高校辅导员职业生涯规划研究．合肥：合肥工业大学，2015.

③ 彭庆红，李慧琳．组织主导型高校辅导员职业生涯开发与管理模式初探．思想教育研究，2012（8）：101－104.

④ 翁铁慧．高校辅导员职业生涯规划．北京：高等教育出版社，2011：132－133.

职业生涯的组织与管理缺乏连续性和系统性，个体规划缺乏针对性和科学性[①]。唐洁通过分析我国高校辅导员职业生涯的现状进而总结出现存问题：国家具体导向性的高校辅导员职业生涯管理政策、科学的高校辅导员职业生涯管理机制以及自我职业生涯规划意识的缺失，导致当前仍然有较大比例的高校辅导员自身业务能力尚不能应对工作的需求，对自身工作的满意度也较低，看不到自身职业发展的前景[②]。叶绍灿借助结构方程模型，把高校辅导员职业生涯发展影响因素建构为外生变量（人口学因素以及自然因素）和内生变量（职业生涯规划认知、个体职业生涯规划和组织职业生涯规划），通过模型对内生变量进行分析，得出影响职业生涯规划认知的三个观测变量的影响力从大到小依次为：职业前途、职业化趋势、职业化程度；影响个体职业生涯规划的观测变量的影响力从大到小依次为：专业吻合度、专业信息、理论研究、研究成果、远景规划；影响组织职业生涯规划的观测变量的影响力从大到小依次为：深造专业、学科趋势、职业化必要性、入职门槛、成效考核、职业化影响、渠道[③]。

二是关于高校辅导员职业生涯发展的管理研究。当前，国内学人对辅导员职业生涯管理的研究自主性不强，总体上还处于借鉴国外理论成果或其他职业群体研究成果的探索阶段。总的来看成果相对集中，主要从以下两方面展开：一方面，是对高校辅导员职业生涯管理的内涵研究。翁铁慧认为，高校辅导员职业生涯发展管理是各级行政主管部门及相关高校围绕高校辅导员职业规划进行的，以实现高校辅导员职业发展与高校教育教学、学生成长互促共进的一系列计划、组织、领导、协调和控制的综合管理过程[④]。赵睿等人认为，高校辅导员职业生涯管理存在横向和纵向两个维度。高校辅导员职业生涯管理的横向坐标是时间，纵向坐标是高校辅导员生涯的各个阶段。贯穿高校辅导员职业生涯管理横向和纵向坐标的核心内容是高校辅导员职业生涯

① 赵睿，等．高校辅导员职业生涯管理研究．北京：中国书籍出版社，2012：78－84．

② 唐洁．浅谈高等院校辅导员队伍存在的问题与对策．世纪桥，2009（3）：96－97．

③ 叶绍灿．高校辅导员职业生涯规划研究．合肥：合肥工业大学，2015．

④ 翁铁慧．高校辅导员职业生涯规划．北京：高等教育出版社，2011：221．

管理模型，也就是高校辅导员职业生涯管理的方法[①]。另一方面，是关于高校辅导员职业生涯管理的策略研究。彭庆红等人指出，要从加强高校辅导员职业生涯开发与管理、加强职业生涯发展指导、协助高校辅导员开展职业生涯规划、有针对性地开展教育与培训、提供职务晋升岗位轮换机会、确保全面的职业生涯发展评价等六个方面加强管理[②]。李明忠从人口统计学、教育背景和任职情况分析等方面探究高校优秀辅导员的群体特征并得出结论：优秀辅导员成长与发展需要良好的组织环境和政策支持；初入职场的3～5年是关键成长期；要完善高校辅导员聘任、培养、培训、管理、评价体制，提升其专业知识水平和工作能力；优化高校组织环境，提供强有力的环境支持[③]。叶绍灿提出要从高校辅导员职业生涯发展的不同阶段有所侧重地加强管理，比如探索阶段的“从业资格认定”、发展阶段的“专项技能培训与开发”、稳定阶段的“搭建创造性工作平台”、退出阶段的“引导适应新角色”[④]。

综上所述，关于高校辅导员的理论研究成果逐年增多，研究热点也是此消彼长，但归根结底，高校辅导员的研究“热”，一方面是因为这一群体正在获得更多的关注和重视，另一方面是因为这一群体正在实践中的诸多根本问题尚未解决，需要现有理论研究的深入和成熟理论的引领。如：高校辅导员作为一种职业，队伍的稳定性是必要的，高校辅导员队伍流动性较大的问题是否应该控制？如何控制？高校辅导员职业终身制的发展动力何在？高校辅导员职业化建设与专业化发展的瓶颈与根源究竟在何处？这些问题在当前的理论研究中尚未得到完全的解答。事实上，职业生涯发展作为一个研究视角，应该能在回应这些问题的过程中形成新的认识。当前，尽管专家学者们已经在此方向进行了探索，为本研究的展开提供了借鉴，但总体而言，关于高校辅导员职业生涯发展方面的研究还缺少整体性关照和系统性论证：一方面，

---

① 赵睿，等．高校辅导员职业生涯管理研究．北京：中国书籍出版社，2012：21.

② 彭庆红，李慧琳．组织主导型高校辅导员职业生涯开发与管理模式初探．思想教育研究，2012（8）：101-104.

③ 李明忠．高校优秀辅导员的群体特征与职业发展：以2008—2014年全国高校辅导员年度人物为例．高等教育研究，2016（3）：68-79.

④ 叶绍灿．高校辅导员职业生涯规划研究．合肥：合肥工业大学，2015.

高校辅导员职业生涯发展的理论依据不能仅仅嫁接在国外人力资源管理方面的现有成果上，也不能简单套用其他职业群体的研究框架；另一方面，高校辅导员职业生涯发展不能仅仅从辅导员个体的视角做出理论应然方面的实践范式指导，也不能仅仅从组织的高度谈顶层设计的问题，而是要从高校辅导员个体发展与组织管理良性联动及其规律性趋向的把握出发，以正确的理论指导实践。正是基于此种考虑，笔者选择“高校辅导员职业生涯发展”作为研究主体。

第三节 研究设计

一、本书的研究思路

笔者以马克思主义理论及思想政治教育、西方职业生涯理论相关理论为基本依据，从理论和现实两个维度观照高校辅导员职业生涯发展的相关问题。以“提出问题—理论分析—实证分析—解决问题”（见图 2）为理论进路，廓清高校辅导员职业生涯发展的基本内容，挖掘高校辅导员职业生涯发展的现实状况、影响因素等现实问题，主张构建高校辅导员职业生涯发展的实践体系，实现高校辅导员职业生涯的全面发展。具体内容如下：

分析基础：重点对马克思主义理论、思想政治教育相关理论与西方职业生涯理论进行梳理，确证高校辅导员职业生涯发展的理论依据，剖析高校辅导员职业生涯发展的政策背景，廓清高校辅导员职业生涯发展的基本内涵。

基本内容：从职业能力发展、职业人格发展、职业路径发展三个维度分析高校辅导员职业生涯发展的内容结构，讨论适应探索、发展成长、高原倦怠、成熟稳固四个发展阶段的任务和特点，阐明组织管理的基本特征与实施路径。

现实境遇：通过案例分析、模型建构，厘清高校辅导员职业生涯发展的

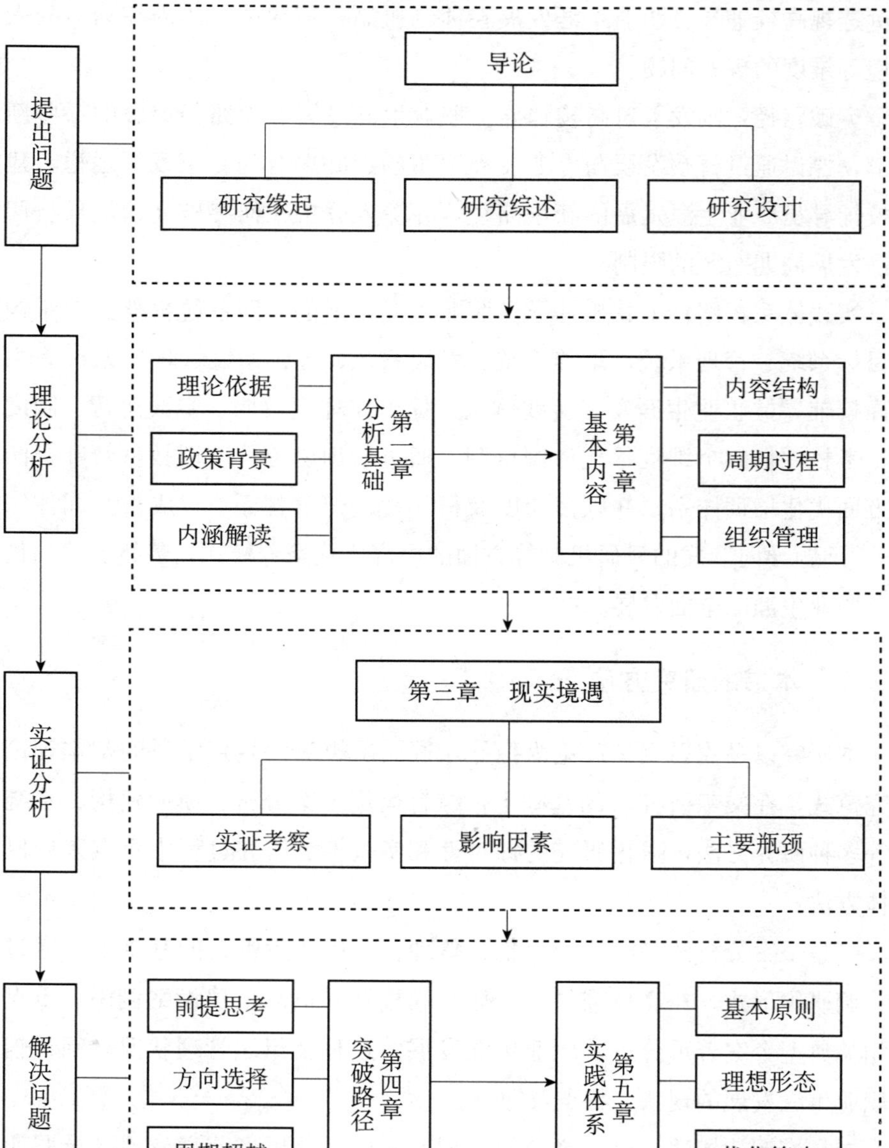

提出问题
导论
研究缘起
研究综述
研究设计
理论分析
理论依据
政策背景
内涵解读
第一章 分析基础
第二章 基本内容
内容结构
周期过程
组织管理
实证分析
第三章 现实境遇
实证考察
影响因素
主要瓶颈
解决问题
前提思考
方向选择
周期超越
第四章 突破路径
第五章 实践体系
基本原则
理想形态
优化策略

图 2 研究基本框架结构

现实状况，剖析影响高校辅导员职业生涯发展的相关因素及层次性与关联性，深刻透视高校辅导员职业生涯发展在体制机制、辅导员个体内在动力与人文环境等维度的现实问题。

突破路径：阐发了对高校辅导员职业生涯发展实现路径突破的一些新的理解，探讨通过行政发展与专业发展逐步趋近并融合为专家发展通道，建构高校辅导员职业生涯发展的新型路径，并深入分析如何突破高校辅导员职业生涯发展周期瓶颈的限制。

实践体系：阐释了高校辅导员职业生涯发展的实践系统框架。主张构建以目标系统、管理系统、培养系统、发展系统、评价系统、环境系统为主体的高校辅导员职业生涯发展实践体系，提出在理论架构、实践运行、制度保障、考核评估四个维度优化体制机制，通过培训内容、培训教材及师资队伍等方面优化培训体系，并以多向度及模块化的培养体系、“成长共同体”模式、“问题导向”式的科研机制等方面的内容优化培养模式，最终实现高校辅导员职业生涯的全面发展。

二、本书的研究方法

本研究以马克思主义理论为指导，遵循思想政治教育学科的基本理论与研究范式，在文献研究法的基础上，综合运用个案分析、模型建构、系统分析等多种研究方法，强化研究的针对性和实效性。研究过程中重点采用以下具体方法：

一是个案分析法。在广泛收集、整理、分析文献资料的基础上，通过座谈、调研等形式，在高校辅导员个体与高校辅导员队伍建设案例中，重点选取相关典型个案着重分析其职业生涯发展的过程及组织管理状况，阐释辅导员职业生涯发展的现状、特点及问题。

二是模型建构法。以解释结构模型为基础，分析当前高校辅导员职业生涯发展的影响因素，建立层次结构模型，将影响因素构成的系统结构划分为不同层级，系统分析诸多影响因素间的层次性与关联性，更科学地把握研究问题。

三是系统分析法。在系统论研究方法的基础上，总结提炼高校辅导员职业生涯发展的相关规律性问题，对现有模式进行系统分析，构建有序稳定的高校辅导员职业生涯发展路径突破的结构以及实践体系与运行规律，以期通过综合、科学的研究方法为本书深入系统的研究提供方法论支撑。

三、本书的创新之处

在研究视角上，高校辅导员队伍建设的研究有很多，但从职业生涯发展的视角研究高校辅导员队伍建设，还是一个新的课题。

在理论观点上，对该问题进行了相对系统性的研究，现有的研究总体上较为零散，本书尝试对问题进行系统化的深入研究。在观点创新上阐述了高校辅导员 A 型职业生涯发展路径、“二次成长”周期超越路径以及“成长共同体”培养模式等基本观点，对高校辅导员职业生涯发展研究有新的拓展。

在研究方法上，综合构建了“调查发现、逻辑推演、案例确证”相融通的创新方法体系；运用解释结构模型研究分析方法，构建高校辅导员职业生涯发展影响因素的结构模型；运用系统分析法和建构评价法，构建高校辅导员职业生涯发展的实践运行体系。

第一章

高校辅导员职业生涯发展研究的理论前提和政策基础分析

高校辅导员是开展大学生日常思想政治教育工作的基层工作队伍，其职业生涯发展关系着高校思想政治教育队伍建设的质量，是高校辅导员队伍建设的关键。高校辅导员职业生涯发展是一个建立在实践基础上的理论命题，是一个依托一定的理论框架展开深入研究后具有实践价值的课题。对高校辅导员职业生涯发展进行研究，应该在科学的理论依据下探讨其逻辑走向，同时也需要在政策背景下分析其制度架构，在此基础上，厘清高校辅导员职业生涯发展的基本概念，为命题的研究奠定必要而科学的理论分析前提。

第一节　高校辅导员职业生涯发展的理论依据

任何一项研究都要依据一定的理论框架才能不断扩展内涵。高校辅导员职业生涯发展的深入研究，要以马克思主义理论、中国化马克思主义理论为指导，以思想政治教育的管理理论、队伍建设理论为依据，并从西方职业生涯理论与中国传统文化中探寻资源，进而构建高校辅导员职业生涯发展的理论分析框架。

一、马克思关于人的全面而自由发展的理论为本研究提供了理论基础

马克思、恩格斯在长期的革命生涯中对于人特别是青年，以及社会分工、职业等命题开展了深入的研究。人的全面而自由发展的学说、社会分工理论、职业选择思想等都是马克思主义理论学说中的重要内容，中国共产党人在长期的革命实践中，形成了马克思主义中国化的相关理论学说，这些都为本研究的开展提供了科学的理论指导。

（一）马克思主义人的全面而自由发展的理论

马克思关于人的全面而自由发展的理论是其共产主义理想的核心思想，在《资本论》中，马克思曾经预言，代替资本主义社会的未来社会，是一个

“以每一个人的全面而自由的发展为基本原则的社会形式”[①]。这里的未来社会，就是指共产主义社会。马克思提出人的全面发展理论，是基于资本主义背景下人的异化这一基本前提，在消除异化—无产阶级乃至全人类的解放—每个人的全面而自由的发展的理论逻辑下，进而构建出人的活动全面发展、人的社会关系全面丰富、人的个性自由发展的理论框架。

马克思在阐述关于人的活动全面发展时指出：“在共产主义社会里，任何人都没有特殊的活动范围，而是都可以在任何部门内发展，社会调节着整个生产，因而使我有可能随自己的兴趣今天干这事，明天干那事，上午打猎，下午捕鱼，傍晚从事畜牧，晚饭后从事批判，这样就不会使我老是一个猎人、渔夫、牧人或批判者。”[②] 在《德意志意识形态》中强调，“这些个人是从事活动的，进行物质生产的，因而是在一定的物质的、不受他们任意支配的界限、前提和条件下活动着的”[③]。也就是说，实现人的活动全面发展，意味着人们生活在一个可以自主选择活动内容和活动形式，能够充分发挥自身主动性、创造性进而实现活动目标的社会中，这是真正实现每一个人全面而自由发展的重要标志。仅仅如此还不能全部阐释马克思关于人的活动全面发展的含义，更深层次理解，还需要从人的需要的全面发展以及人的能力的全面发展来把握其深刻内涵。人的需要须通过能力来具体实现，人的需要的全面发展是指个人可以根据自主活动发展全部的合理需要，人的能力的全面发展主要包括对自己的各种自然能力和社会能力进行全面发展，并在活动中可以为实现需要充分发挥这些能力。

马克思认为，“人的本质不是单个人所固有的抽象物，在其现实性上，它是一切社会关系的总和”[④]。社会关系作为劳动实践的展开，决定着人的发展边界，是考察人全面发展的另一重要维度。人的社会关系全面丰富就是指在个人与他人形成的交互关系网络中，人们可以不受限于个体、阶层、地区、

① 马克思，恩格斯．马克思恩格斯选集：第2卷．3版．北京：人民出版社，2012：267.

② 马克思，恩格斯．马克思恩格斯选集：第1卷．3版．北京：人民出版社，2012：165.

③ 同②151.

④ 同②139.

分工等，可以在政治、经济、法律、文化等各个方面形成全面的联系，进而能够在物质交往和精神交往中都持续和谐发展。这就使人和人之间不再以一种独立的状态存在，他们不再属于分离状态下的个体，而是个体与个体之间通过一定形式的物质交往和精神交往形成互动关系。人的全面而自由的发展就是在这种社会关系的交往形式和交往内容不断丰富的过程中具体实现的。

“一个人的发展取决于和他直接或间接进行交往的其他一切人的发展。”① 因此，马克思“人的全面发展”中的人指的是每一个社会个体的现实存在，而每个人的全面发展必须要在个体的个性发展基础之上进行，个性发展是自由发展的前提，二者是不可割裂的，这也是实现人的全面而自由发展的重要保证。人的个性自由发展直接体现为个体的自主性和独特性得以彰显。具体而言，是指人在发展过程中所表现出的同质化、标准化的个性内容逐步消除，单调性、模式性的形式逐步打破，进而具有能动性、自主性、创造性的独特人格和能力体系得到全面发展，每个人都是作为唯一的、不可重复和取代的个体而存在，进而才能进行自觉、自愿、自主的充分发展。

（二）马克思关于社会分工的理论

对于社会分工问题的研究，马克思并没有形成专门的研究著作，但在其经典文献中，尤其在创立唯物史观的过程中，他阐述了科学的社会分工思想。

在《德意志意识形态》中，马克思和恩格斯提出“分工只是从物质劳动和精神劳动分离的时候起才真正成为分工”②，并提到了“自然形成的分工”“自愿分工”③ 以及二者的区别。在这一理论著作中，马克思和恩格斯以社会分工为线索，对生产力与生产关系、经济基础与上层建筑等唯物史观的基本原理进行了深刻的辨析，并指出，社会分工制约着所有制形式的更替。“分工的各个不同发展阶段，同时也就是所有制的各种不同形式。这就是说，分工的每一阶段还决定个人在劳动材料、劳动工具和劳动产品方面的相互关系。”④

---

① 马克思，恩格斯．马克思恩格斯全集：第3卷．北京：人民出版社，1960：515.

② 马克思，恩格斯．马克思恩格斯选集：第1卷．3版．北京：人民出版社，2012：162.

③ 同②165.

④ 同②148.

这也标志着马克思基本形成了关于社会分工的理论。

随后，马克思在一系列研究中对社会分工理论进行深化并明确了立场。在《哲学的贫困》中，马克思把研究关注点落在了作坊内部分工的问题上。而在《1857—1858年经济学手稿》中，马克思首次就资本主义社会存在两种社会分工，即社会内部分工和工厂内部分工的问题展开讨论。他提出："我们这里所指的分工，是整个社会内部的自发的和自由的分工，是表现为交换价值生产的分工，而不是工厂内部的分工；不是个别生产部门中劳动的分离和结合，而是社会的、似乎未经个人参与而产生的这些生产部门本身的分工。"[①]在《1861—1863年经济学手稿》和《资本论》的研究过程中，马克思又对社会内部分工与工厂内部分工的区别进行了明确的辨析，并重点强调："整个社会内的分工，不论是否以商品交换为媒介，是各种社会经济形态所共有的，而工场手工业分工却完全是资本主义生产方式的独特创造。"[②]

作为唯物史观的重要内容，马克思的社会分工理论是唯物史观形成与发展的重要支撑。马克思借助对社会分工问题的深刻剖析，对唯心史观的黑格尔哲学以及旧唯物主义的费尔巴哈哲学进行了重点批判；并以社会分工为逻辑理路，深刻揭示了私有制产生、阶级与国家形成等关键问题，创立了唯物史观。正如恩格斯所说：从分工的观点最容易理解历史唯物主义的基本问题[③]。随后，马克思坚持以社会分工这一范畴作为批判资本主义的理据，进一步丰富并发展了唯物史观。

总之，马克思的社会分工理论是一个系统化、科学化的理论框架。马克思通过对社会分工的起源和发展进行深刻的辨析，并通过分析社会分工与生产力、社会关系、人的发展等多个维度的关系，阐明了其在社会历史发展中的作用，形成了分工思想的科学理论形态，也在分工理论史上实现了跨越式的进步与变革。

---

① 马克思，恩格斯．马克思恩格斯全集：第46卷下．北京：人民出版社，1980：471.

② 马克思，恩格斯．马克思恩格斯全集：第23卷．北京：人民出版社，1972：397－398.

③ 马克思，恩格斯．马克思恩格斯选集：第4卷．3版．北京：人民出版社，2012：609.

（三）马克思关于青年择业的思想

1835 年 8 月，青年马克思在中学毕业时面临升学与就业的选择，所写毕业论文为《青年在选择职业时的考虑》，尽管只是一篇中学毕业论文，但文中体现出青年马克思关于择业的价值立场：为人类幸福而献身的理想和选择为人类幸福而工作的职业。相比马克思主义哲学、政治经济学方面的理论巨著，《青年在选择职业时的考虑》虽没有搭建起系统、宏观的理论框架，但却集中体现了青年马克思的择业观，即把追求人类幸福与追求自身完美统一起来。

在青年马克思心中，“每个人眼前都有一个目标，这个目标至少在他本人看来是伟大的，而且如果最深刻的信念，即内心深处的声音，认为这个目标是伟大的，那它实际上也是伟大的”①。也就是说，青年人应该树立远大的理想，而选择合适的职业则是实现这一理想的一条重要路径。马克思认为，“在选择职业时，我们应该遵循的主要指针是人类的幸福和我们自身的完美”②。

在追求人类幸福这一维度，可以总结为马克思的择业观是一种利他的择业观，这种利他是指不为自己劳动而是为大多数人带来幸福。他指出：“如果一个人只为自己劳动，他也许能够成为著名的学者、伟大的哲人、卓越的诗人，然而他永远不能成为完美的、真正伟大的人物。”③ 他还强调，“历史把那些为共同目标工作因而自己变得高尚的人称为最伟大的人物；经验赞美那些为大多数人带来幸福的人是最幸福的人”④。在文末他发出呼声：“如果我们选择了最能为人类而工作的职业，那么，重担就不能把我们压倒”⑤。

而在追求自身完美方面，马克思则是从认识自我和评估职业两个方面具体阐述的。他认为，“如果我们选择了力不胜任的职业，那么我们决不能把它做好”⑥，并强调一定要对自身的能力有客观的认识：“如果我们错误地估计了自己的能力，以为能够胜任经过较为仔细的考虑而选定的职业，那么这种错误将使我们受到惩罚。即使不受到外界的指责，我们也会感到比外界指责更

① 马克思，恩格斯．马克思恩格斯全集：第 1 卷．北京：人民出版社，1995：455.

②③④⑤ 同①459.

⑥ 同①457.

为可怕的痛苦。"[①] 在自我认知基础上，马克思对选择职业有一些自己的观点，他认为，"如果我们的生活条件容许我们选择任何一种职业，那么我们就可以选择一种使我们获得最高尊严的职业，一种建立在我们深信其正确的思想上的职业，一种能给我们提供最广阔的场所来为人类工作，并使我们自己不断接近共同目标即臻于完美境界的职业"[②]。他对选择职业的标准并非是"足以炫耀"，而是"能给人以尊严"，能够"在自己的领域内独立地进行创造……甚至最优秀的人物也会怀着崇高的自豪感去从事它"[③]。

马克思青年时期的作品，表现出他关于职业、择业的一些朴素的思想，并且已经把人们的活动、人们的职业与人们在社会上的关系联系起来，这也是他今后革命生涯中诸多著作所体现的核心思想的萌芽所在。

马克思的理论从多维视角启发了我们对人的职业认知和把握。职业是达致人的全面而自由发展的重要方式，人本质上是一种社会存在，实践是人的生存方式，职业以及分工是人类历史和当下获得生存条件的基本保障。同时，人的社会性提示我们，择业既要考虑和追求自身价值的完美实现，更要体现一个人的社会价值。马克思主义理论为高校辅导员职业生涯发展这一命题提供了科学的理论指导，为本研究的深入进行提供了基本遵循和方向指引。

二、思想政治教育理论为研究的深化提供了理论支撑

高校辅导员职业生涯发展研究归属思想政治教育学科范畴，应在思想政治教育的理论框架中对这一实践命题进行分析和探讨。作为一门年轻的学科，思想政治教育在其 30 多年的发展历程中形成了自身的学科体系，原理、方法、史论等作为学科的重要组成部分已逐渐发展，趋于成熟。结合本研究的具体内容，我们重点从思想政治教育管理学和思想政治教育队伍建设的学术体系和理论观点中探寻本书研究的理论支点。

一是思想政治教育管理学理论。现代管理学的理论框架中，一般的研究大都从思想政治教育管理的组织、目标、过程、方法、评价等基本要素入手，

①②③ 马克思，恩格斯．马克思恩格斯全集：第 1 卷．北京：人民出版社，1995：458.

形成了颇具特色、较有共识的理论观点。作为一个动态过程，思想政治教育管理包括“目标与准则、决策管理、管理模式、队伍管理、管理理念等”[①]。这些要素决定了思想政治教育管理行为的发生。一般而言，思想政治教育管理的过程主要分为“目标决策—组织实施—督促指导—总结评估—信息反馈”五个环节，它们是独立且相互关联、衔接的，在交叉递进的动态过程中共同实现了思想政治教育管理的目标。思想政治教育管理的实施，离不开一定的组织机构，而思想政治教育组织管理就是通过构建组织体系，合理确定思想政治教育组织成员，协调各机构内外关系，确保组织有效运行，实现思想政治教育管理的目标。而在实现目标的过程中，思想政治教育管理机制则发挥着重要的作用，主要解决思想政治教育管理过程中谁来管、管什么、如何管，以及何时管等一系列关键问题。在实现思想政治教育目标的过程中，思想政治教育管理的诸要素间形成了多种相互作用的制约关系和功能体系，即思想政治教育的管理机制，主要包括：导向机制、机理机制、协调机制、约束机制等促进思想政治教育协调、有效运行的管理体系。在思想政治教育管理中，评估是一项重要内容。主要是以思想政治教育目标为衡量，采用定性分析、定量评价等方法，运用思想政治教育评价指标体系提供必要的信息反馈，通过评定思想政治教育活动与目标之间的契合度，来评价思想政治教育的有效性，进而促进思想政治教育活动的调整和优化。

科学管理、系统管理、目标管理、民主管理等都是在长期的思想政治教育管理实践中积累下来的有效经验，这些基本的管理理念体现了思想政治教育者对管理现象内在本质的认识。新时期，“以人为本”的管理理念成为思想政治教育管理的一种基本观念形态。所谓“以人为本”的管理理念，就是充分尊重思想政治教育的主客体都是人的根本事实，遵循思想政治教育发展的内在要求，充分在思想政治教育管理过程中尊重教育者和受教育者的主体性发挥，强化受教育者自我管理、自我约束的意识以及教育者服务育人、管理育人的意识。

---

① 张耀灿，郑永廷，吴潜涛，等．现代思想政治教育学．北京：人民出版社，2007：418-453.

二是思想政治教育队伍建设理论。队伍是高校思想政治教育管理的重要组成部分，和思想政治教育研究的重点领域一致。当前，思想政治教育队伍建设的相关研究多集中于高校思想政治教育队伍建设，尤其是高校辅导员队伍建设的研究。有学者提出思想政治教育队伍的三类结构观点，即专职管理队伍、兼职管理队伍和群众性管理队伍[①]。很多学者从思想政治教育队伍管理的角度出发，重点研究了思想政治教育队伍的结构职能、素质结构、培养培育等方面内容，并认为思想政治教育队伍建设是管理的重点所在。张耀灿等人提出，加强思想政治教育队伍建设，重点在于“加强制度建设（包括内部管理制度建设、相对稳定和合理流动的制度、考核制度）、制定必要的倾斜的政策以及热情关心和大胆使用等三个方面”[②]。面对思想政治教育队伍发展的问题，诸多学者提出职业化、专业化的发展取向。所谓思想政治教育队伍的职业化、专业化，就是指思想政治教育从业人员提升职业素养，从个体素养结构上，可以分为三个维度：（1）职业理想、职业态度维度。由于是做人的思想政治教育工作，这支队伍必须要有崇高的职业理想、积极的职业态度。（2）职业知识、职业能力维度。这支队伍需掌握专门的知识和技能来开展工作，而非经验式的管理。（3）职业守则、职业道德维度。思想政治教育队伍更多是在做德育方面的工作，自身的发展必须要遵守严格的职业守则，通过自身道德水平去教育人、感染人。有人认为，思想政治教育从业人员的素养属于个体结构层面，主要包括政治素养、思想素养、道德素养、知识素养、文化素养和技能素养六个方面[③]。

思想政治教育队伍的群体结构也是学界研究的重点，现有理论主要集中于：（1）思想政治教育队伍的职业化、专业化的发展路径，主要从顶层设计的角度在人员配置、岗位职责、职业规范、能力标准等多个维度进行整体性、全局性的安排。（2）思想政治教育队伍职业化、专业化发展方向的具体落实，各类基层单位在思想政治教育队伍的选拔、培养、管理的过程中有各种举措，

① 张耀灿，陈万柏．思想政治教育学概论．武汉：湖北科学技术出版社，1995：355－360.

② 张耀灿，徐志远．现代思想政治教育学科论．武汉：湖北人民出版社，2003：160－168.

③ 赵君．新时期我国高校思想政治教育管理队伍建设研究．武汉：华中师范大学，2008：40.

确保思想政治教育队伍的年龄结构、学缘结构、专业背景等整体上科学合理，促进这支队伍的良性发展。（3）促进顶层设计与具体落实的双向互动，重点是强化贯彻落实，严格督导检查，通过构建相应的评价评估体系，促进思想政治教育队伍的职业化、专业化发展。

此外，关于高校辅导员队伍建设的研究是思想政治教育队伍研究的重点，前文已对相关理论成果进行全面的总结和评述，在此不再展开论述。

在思想政治教育管理的过程中，要对各项育人目标进行分解，高校辅导员在工作实践中达成各项目标的过程，也是自身发展的过程。同时，高校辅导员本属思想政治教育管理中的重要组成部分，是思想政治教育管理功能实现不可或缺的群体，思想政治教育管理的问题会造成高校辅导员发展的问题，思想政治教育管理的发展也会带来高校辅导员的发展，思想政治教育管理的理论观点也是研究高校辅导员职业生涯发展问题的基本理论工具，是本研究深化的重要支撑。

三、中西思想文化资源为本研究的拓展和纵深提供了理论借鉴

作为文明古国，中国古代社会秩序是建立在农业文明基础之上的，中国传统的思想文化也是在这种“以家为本、以血缘关系为纽带”的宗法社会影响下形成的，各种习俗规范、政治形态、传统礼仪等都强烈地渗透着道德的要求，中国古代的德育体系也具有强烈的人文主义色彩，“从德育目标上看，它以做人为德育的唯一目的；从德育内容上看，古代德育一直注重教人以德行与智慧，而不只是单纯的知识”[①]。同时，中国古代的德育具有较强的政治功能，德育政治化与政治伦理化的意识形态属性渗透在社会的方方面面。在政治上实行德政、仁政，“为政以德，譬如北辰，居其所而众星共之”“道之以政，齐之以刑，民免而无耻；道之以德，齐之以礼，有耻且格”等无不体现着以德治国的思想方略；对民众，以道德教化为根本，采用道之以德的教民方法，以“孝悌忠信”“礼仪廉耻”“三纲五常”等内容系统地构建出中国

① 郭凤志．德育文化论．长春：吉林人民出版社，2005：92.

传统的道德教化体系。在中国传统的思想文化中，个人修养与家庭管理、国家治理相结合，提出家国一体的政治伦理主张，“身、家、国、天下四位一体，血缘、宗法、等级三位一体，血缘、伦理、政治直接同一，把家族关系之序上升为社会上的尊卑等级之别，在‘亲亲尊尊’的基础上形成所谓‘君君、臣臣、父父、子子’的礼治秩序”①。

中国传统文化关于人生理想境界最重要的特征是对人生的热爱。无论是儒家还是道家、释家，都表现出对人生的乐观旷达的情怀，如崇尚积极进取、有所作为，“敢为天下先”。儒家思想特别强调积极向上的人生态度，把刚健有为、勇毅力行作为处理天人关系与各种人际关系、展开道德实践与理想追求的总原则，要人们为社会理想、道德理想、人格理想积极追求与奋斗。《论语》作为中华优秀传统文化的经典之作，就有着很多深刻的思想内涵。“刚毅木讷近仁”，刚毅就是对坚定性的阐释。他高度肯定临大节而不夺的品质，认为是刚毅的表现，所谓“三军可夺帅也，匹夫不可夺志也”，也讲“士不可以不弘毅，任重而道远，仁以为己任，不亦重乎？死而后已，不亦远乎？”孔子提倡并努力实践为崇高理想而不懈奋斗，鄙视饱食终日无所用心的人生态度，“发愤忘食，乐以忘忧，不知老之将至”。同时，孔子的思想对近代职业生涯发展也有着观照：“吾十有五而志于学，三十而立，四十而不惑，五十而知天命，六十而耳顺，七十而从心所欲，不逾矩”“人无远虑，必有近忧”等等。孔子的思想就是将人生发展的各个阶段的重点、对人生规划的意义进行了简明扼要的阐述。孔子是极力提倡有为并身体力行的思想家。他讲求一定要“尽人事，听天命”，就是一个人一定要努力，这样才会有改变的可能，即“以有为求有为”“不患无位，患所以立，不患莫己知，求为可知也”，正是从辩证的视角看待求职与个人能力发展的关系，蕴含着深刻的哲理。

孟子从人格修养的角度提出“吾善养吾浩然之气”的观点，其忧患思想同样也对职业生涯发展有着一定的启发。“天将降大任于斯人也，必先苦其心志，劳其筋骨，饿其体肤，空乏其身，行拂乱其所为，所以动心忍性，曾益

---

① 郭凤志．德育文化论．长春：吉林人民出版社，2005：102.

其所不能”这一阐述，正是儒家思想对个人成长成才规律的总结，同时也对职业生涯中个体看待忧患与安乐、死与生提供了一种辩证思考的角度。

当然，中华优秀传统文化博大精深，我们可从中采撷诸多有益思想作为高校辅导员职业生涯发展研究的理论资源借鉴。诸如，以道德文化为基础的传统文化，对职业道德的养成和发展起着积极的作用。我国传统文化中敬业、乐业、勤业和精业，诚实守信、礼貌待人、义利兼顾和以义制利的道德意识等方面对职业道德的养成和丰富有十分积极的促进作用，这些都需要在接下来的研究中认真地发掘、借鉴和弘扬。

中华优秀传统文化中蕴含着宝贵的资源，对高校辅导员职业生涯发展的研究而言，德育政治化、政治伦理化的显著特征从根本上为高校辅导员开展思想政治教育工作提供了深层次的思想资源，也是从历史传统的视角确立高校辅导员合法地位的根本保障。同时，中华优秀传统文化中的“以人为本”“有为有位”等根本思想，也是开展高校辅导员职业生涯发展研究值得借鉴的思想源泉，为扩展研究深度、拓宽命题的理论张力提供了基础性借鉴。

与中国在农耕文明的社会背景下产生的思想文化不同，西方思想文化是在古希腊海洋商贸文明基础上发展起来与之相适应的文化，具体表现为强调个人主义、冒险精神，而家庭、家族的观念要远弱于中国传统文化。发展到现代，西方文化的核心是“理性主义和个人主义”，其精神状态和精神气质的特征是“理性化、脱魅化、世俗化、市民伦理的成型、基督教世界观的衰微”①。西方思想文化的发展与宗教密切关联，在很长一段时间，其道德教育与政治教育均隶属宗教系统，宗教在19世纪以前一直占据着西方国家的政治领域、道德领域、思想领域的统治地位。这种局面一直延续到第二次世界大战，此时世俗道德教育逐步发展，由宗教教育转向一种新的权威教育模式，以确保资产阶级价值观的实现。赫尔巴特提出道德教育的基本途径是“管理、教学和训练”，将管理置于首位，并提出“惩罚与威胁、检查与监督、命令与禁止、批评与警告”，甚至还有“剥夺自由、记过”等一系列管理手段，这也

① 舍勒．资本主义的未来．北京：生活·读书·新知三联书店，1997：6.

符合西方资产阶级需要培养大量适应工业生产的具有顺从人格的人。随着生产力和科学技术的发展，西方国家在道德教育和管理方面都进行了一定的创新。他们开始从人的认知、心理、行为和道德入手，提出科学管理理论、组织管理理论以及行为科学学派的人群关系理论、需要层次理论、双因素理论等，尤其近年来对企业人员的道德教育和训练，已经在心理学、管理学等各种学科中有所体现。其中，人力资源理论成为企业管理理论的重要遵循。更进一步地，职业生涯发展理论在美国发起，得到迅猛发展，形成了以职业发展阶段理论和职业选择理论为主的两大理论流派体系。

职业发展阶段理论的代表人物主要有施恩、格林豪斯、金斯伯格和舒伯等，主要观点是把个体发展的不同阶段与职业生涯发展的主要任务相结合，划分为不同阶段，具有代表性的观念有九阶段论①、五阶段论②、三阶段论③等等，无论哪种划分方法，都需要在每一阶段完成特定的发展任务，并且这些阶段都具有连续性特点，即前一阶段发展任务的完成情况会影响到下一阶段的发展。职业选择理论主要有帕森斯的特质因素理论、施恩的职业锚理论和霍兰德的职业性向理论。这些理论的一个共性特点就是把个体的职业选择与其人格特质相关联，认为价值观念、人格特质等因素是影响其职业选择的关键。这些理论认为，良好的职业发展需要进行“人职匹配”，人的特质与职业相容性越强，个体的职业生涯发展也就越顺畅；反之，个体职业生涯发展将会受阻。

西方职业生涯发展的经典理论是人力资源理论的重要基础和发展依据，

---

① 施恩从人的生命周期的不同特点及相应阶段所面对的不同的职业任务，将职业生涯分为九个阶段：成长、幻想、探索阶段，进入工作世界，基础培训，早期职业的正式成员资格，职业中期，职业中期危险阶段，职业后期，退出和离职阶段，离开组织或职业——退休。

② 美国职业生涯发展研究专家格林豪斯依据人不同年龄段职业生涯发展所面临的主要任务，将职业生涯发展划分为职业准备阶段（0～18 岁）、进入组织阶段（18～25 岁）、职业生涯初期（25～40 岁）、职业生涯中期（40～55 岁）、职业生涯晚期（55 岁至退休）五个阶段；舒伯将职业生涯定义为一个人终生经历的所有职位的整个历程，并将人一生的职业生涯分为五个阶段，具体为：“成长阶段（0～14 岁）、探索阶段（15～24 岁）、建立阶段（25～44 岁）、维持阶段（45～64 岁）、退出阶段（65 岁以上）。”

③ 美国著名的职业指导专家金斯伯格把人的职业选择心理发展分为三个阶段：幻想期、尝试期和现实期。

从人力资源管理的角度审视高校辅导员职业生涯发展，必须也应该把高校辅导员当作重要的人才资源来看待，因此，对高校辅导员职业生涯发展的组织管理也是人力资源管理的一个重要组成部分，高校辅导员的招聘、考核、管理、培训等方面的内容也都可以借鉴人力资源管理的相关方法，对相关理论与经验进行普适性转换即可有效应用。因此，西方职业生涯发展理论对高校辅导员职业生涯发展问题增加了一个新的视角和重要的理论借鉴。

第二节　高校辅导员职业生涯发展的政策背景分析

"政策和策略是党的生命。"[①] 高校辅导员职业生涯发展的政策背景，需要在思想政治教育的总体布局及建设框架下进行分析，主要包括国家领导人和相关部门负责同志的重要讲话精神、大学生思想政治教育，尤其是高校辅导员队伍建设的法律法规、规章、有关部门制定的专门性文件以及具体的相关工作制度等。按照层次分析法，本研究将高校辅导员职业生涯发展的政策具体分为四个相互关联和影响的类别，它们一脉相承、递进关联，同时也通过不同的形式影响着高校辅导员的职业生涯发展。四者具体关系如图 1－1 所示：

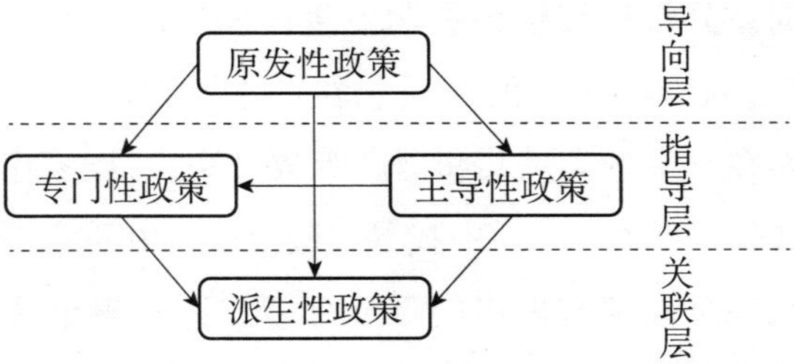

图 1－1　高校辅导员职业生涯发展的政策背景结构层次图

总体上，高校辅导员职业生涯发展的政策背景可以分为三层四类的政策体系，具体是指：原发性政策，主要包括教育法、国家领导人发表的系列重

① 毛泽东．毛泽东选集：第 4 卷．2 版．北京：人民出版社，1991：1298.

要讲话精神及解读等。原发性政策同时构成高校辅导员职业生涯发展政策体系的导向层，明确了高校辅导员职业生涯发展理论研究和实践操作的总体方向。主导性政策，主要包括思想政治教育纲领性的制度文件、国家领导人关于高校思想政治教育的专门讲话精神。专门性政策，主要指相关部门制定的针对高校辅导员群体具体的规章制度文件。主导性政策和专门性政策构成了高校辅导员职业生涯发展政策体系的指导层，是整个政策体系的核心和重点内容，规定了高校辅导员职业生涯发展的具体路径及理论研究逻辑思路。派生性政策，重点指相关落实性的管理办法，以及涉及高校辅导员工作内容的相关制度文件等。派生性政策归属高校辅导员职业生涯发展政策体系的关联层，为高校辅导员职业生涯发展的研究提供一定的参考和借鉴。需要强调的是，政策具有一定的发展历程，但历史性的政策演变并非本研究的重点。

政策背景的介入，实质是“理解”辅导员职业生涯发展所需要的，因为我们理解任何问题，都要把握一种“表达”的特定环境，更要把握我们这种认识发生的社会和文化系统、思想气候和社会条件。

一、高校辅导员职业生涯发展的原发性政策

原发性政策具有思维方式上的规范引导作用，是高校辅导员职业生涯发展研究的重要指向。分析高校辅导员职业生涯发展的原发性政策，主要遵循“教育—高等教育—教育改革”的逻辑思路，主要以《中华人民共和国教育法》为起点，进而在《中华人民共和国高等教育法》《国家中长期教育改革和发展规划纲要（2010—2020年）》中找寻突破点位，并重点分析党的十八大以来国家对教育领域综合改革所做出的重要部署。这些规定从法律上确立了大学生思想政治教育工作的合法性，是高校辅导员职业发展的前提和政策依据。

《教育法》是全国人民代表大会审议通过的教育基本法，是国家全面调整各类教育关系、规范教育工作的基本法律，在我国教育法律体系中处于“母法”的地位。高校辅导员是《教育法》贯彻落实的基层执行者，《教育法》不仅是高校辅导员开展工作要遵循的纲领性文件，同时也为高校辅导员开展工作的合法性提供了根本、直接的法律依据。2016年新修订的《教育法》确定

了对受教育者的思想政治教育原则，其第 6 条规定“教育应当坚持立德树人，对受教育者加强社会主义核心价值观教育，增强受教育者的社会责任感、创新精神和实践能力”。这是高校辅导员开展工作的主体内容。

高校辅导员归属高等教育系统，《高等教育法》是我国教育法律体系的重要组成部分。《高等教育法》为高校辅导员开展工作提供了更加明确的规定，其中第 4 条规定“高等教育必须贯彻国家的教育方针，为社会主义现代化建设服务、为人民服务，与生产劳动和社会实践相结合，使受教育者成为德、智、体等方面全面发展的社会主义建设者和接班人”，明确回答了高校辅导员开展工作应该培养什么样的人和如何培养人的问题。尽管《高等教育法》没有明确高校辅导员的身份及定位，但在第 47 条中规定“高等学校实行教师职务制度。高等学校教师职务根据学校所承担的教学、科学研究等任务的需要设置。教师职务设助教、讲师、副教授、教授”。这一规定是高校辅导员的职务晋升与生涯规划直接和最根本的依据。

党的十八大以来，以习近平同志为核心的党中央高度重视教育领域综合改革，并做出了一系列重要部署。党的十八大报告明确提出，要把立德树人作为教育的根本任务；十八届三中全会对全面深化教育领域综合改革做出了明确的部署；十八届四中全会对全面推进依法治教、依法治校、依法办学等提出了新的更高的要求；十八届五中全会以创新、协调、绿色、开放、共享五大发展理念为统领，把教育改革发展的重点放在了共享发展上，将全面提高教育质量上升到一个新的高度；十八届六中全会坚持全面从严治党、强化党内监督，这是确保教育领域改革取得突破的关键所在。深入贯彻习近平总书记系列重要讲话精神，是教育政策分析和把握的关键与核心，也为思想政治教育工作尤其是高校辅导员落实重要使命和任务提出明确的指引。

2010 年，《国家中长期教育改革和发展规划纲要（2010—2020 年）》发布，这是新时期国家把教育摆在突出位置的一项重大举措。《纲要》指出：“坚持以人为本、全面实施素质教育是教育改革发展的战略主题，是贯彻党的教育方针的时代要求，其核心是解决好培养什么人、怎样培养人的重大问题，重点是面向全体学生、促进学生全面发展，着力提高学生服务国家服务人民的社会责任感、勇于探索的创新精神和善于解决问题的实践能力。”《纲要》提出了新时期教育的根本目的和发展方向。《纲要》还提出：要“坚持德育为先。立德树人，把社会主义核心价值体系融入国民教育全过程。加强马克思主义中国化最新成果教育，引导学生形成正确的世界观、人生观、价值观；加强理想信念教育和道德教育，坚定学生对中国共产党领导、社会主义制度的信念和信心；加强以爱国主义为核心的民族精神和以改革创新为核心的时代精神教育；加强社会主义荣辱观教育，培养学生团结互助、诚实守信、遵纪守法、艰苦奋斗的良好品质。加强公民意识教育，树立社会主义民主法治、自由平等、公平正义理念，培养社会主义合格公民。加强中华优秀传统文化教育和革命传统教育。把德育渗透于教育教学的各个环节，贯穿于学校教育、家庭教育和社会教育的各个方面。”这从总体纲领上对思想政治教育的工作内容进行了明确规定，也进一步明确了高校辅导员的工作重点。更具体而言，《纲要》还明确指出要“切实加强和改进未成年人思想道德建设和大学生思想政治教育工作。构建大中小学有效衔接的德育体系，创新德育形式，丰富德育内容，不断提高德育工作的吸引力和感染力，增强德育工作的针对性和实效性。加强辅导员、班主任队伍建设”。这是国家纲领性文件中首次提出加强高校辅导员队伍建设，同时也对大学生思想政治教育工作提出了更加具体和明确的要求。

2017 年 1 月，国务院印发《国家教育事业发展“十三五”规划》，其中明确规定了“十三五”时期国家教育改革发展的指导思想、主要目标、战略任务以及保障措施，规划明确指出，要把思想政治工作贯穿教育教学全过程，着力加强爱国主义教育，努力增强学生社会责任感，积极开展法治教育。

归结为一点，这些原发性政策从根本上强调了教育所具有的鲜明的社会主义性质，所谓立德树人，就是要为社会主义培养合格建设者和可靠接班人。这也为高校辅导员工作所具有的鲜明政治性进行了必要的铺垫。

二、高校辅导员职业生涯发展的主导性政策

对高校辅导员工作起到主导性的政策，应当是大学生思想政治教育工作的相关文件以及相关重要会议的精神。这里的文件主要是指国家行政机关为

执行法律法规所发布的“红头文件”，这些文件虽归属行政立法以外，但仍具有较强的普遍约束力。这些文件对大学生思想政治教育而言，在目标指向、原则方法、路径策略等方面具有主导性，这种主导性的“主”来源于国家教育法规的进一步明确与落实，“导”来源于文件内容，为大学生思想政治教育实践活动提供了遵循框架。当前，我国思想政治教育工作的政策文件已基本形成了较为完善的政策系统。而会议类政策则具有一定的发散性，是国家为进一步对思想政治教育工作进行总结和部署而召开的专门会议，而会议精神主要集中于当前工作形势和任务、下一步工作重点等，紧随会议出台的文件则是对会议精神的明确传达。当前，高校辅导员职业生涯发展的主导性政策主要有：2004 年中央下发的“16 号文件”；《关于进一步加强和改进新形势下高校宣传思想工作的意见》（中办发〔2014〕59 号，简称“59 号文件”）；2016 年 12 月，习近平总书记在全国高校思想政治工作会议上的重要讲话精神以及中共中央、国务院印发的《关于加强和改进新形势下高校思想政治工作的意见》（中发〔2016〕31 号，简称“31 号文件”）。

2004 年“16 号文件”，对新时期的大学生思想政治教育工作进行了总体安排与周密部署，并从指导思想、基本原则、主要任务等几个方面对新时期工作进行明确布局，对课堂教学的重要地位进行了明确规定，并对党团组织、队伍建设、社会环境、组织领导等具体内容提出明确而具体的要求。“16 号文件”以中共中央、国务院名义下发，在继承发展以往政策基础上，结合新形势，聚焦新问题，着眼顶层设计、系统安排，对新时期加强和改进大学生思想政治教育工作做出重要部署，具有很强的指导性和约束力。值得强调的是，“16 号文件”对加强大学生思想政治教育队伍建设，尤其是辅导员队伍建设做出重要部署。该文件明确指出：“大学生思想政治教育工作队伍主体是学校党政干部和共青团干部，思想政治理论课和哲学社会科学课教师，辅导员和班主任。……辅导员、班主任是大学生思想政治教育的骨干力量，辅导员按照党委的部署有针对性地开展思想政治教育活动。”文件首次明确要求“院（系）的每个年级都要按适当比例配备一定数量的专职辅导员”。还系统安排了大学生思想政治教育队伍的选拔、培养和管理，提出要“按照政治强、业务精、纪律严、作风正的要求，坚持专兼结合的原则，研究和制定加强高校思想政治教育工作队伍建设的具体意见，……选拔推荐一批从事政治教育思想的骨干进一步深造，攻读思想政治教育相关专业的硕士、博士学位，学成后专职从事思想政治教育工作。采取有效措施，组织参加社会实践、挂职锻炼、学习考察等活动，不断提高他们的工作能力和水平。……完善思想政治教育队伍的专业职务系列，从思想政治教育专职队伍的实际出发，解决好他们的教师职务聘任问题，鼓励支持他们安心本职工作，成为思想政治教育方面的专家。”

2015 年 1 月，中国政府网公布中共中央办公厅、国务院办公厅印发的“59 号文件”，对新形势下高校宣传思想工作进一步做出部署安排，明确了加强和改进高校宣传思想工作的重要意义、指导思想、基本原则、主要任务，并提出要切实推动中国特色社会主义理论体系进教材进课堂进头脑、大力提高高校教师队伍思想政治素质，不断壮大高校主流思想舆论，着力加强高校宣传思想阵地管理，切实加强党对高校宣传思想工作的领导。该文件明确指出，要不断壮大高校主流思想舆论，推进辅导员博客等网络新媒体建设；要配齐建强高校宣传思想工作队伍，统筹推进辅导员班主任等宣传思想工作骨干队伍建设。虽未公开下发全文，“59 号文件”依然聚焦当前高校宣传思想工作领域的重点和问题，对新时期加强和改进高校宣传思想工作做出重要部署和要求，对包括高校辅导员在内的宣传思想工作队伍建设提出指导性意见。

2016 年 12 月，全国高校思想政治工作会议的召开对于大学生思想政治教育工作而言意义深远。习近平在会议上发表重要讲话，强调了思想政治工作对于高校人才培养的重要作用。全国高校思想政治工作会议的召开具有开创性意义，是高校在党的建设和思想政治工作历史上的里程碑，对于新时期高校思想政治工作体制机制创新具有顶层设计的指导意义，同时也对高校辅导员队伍建设提出了新的要求，具有开创性的意义。2017 年 2 月，“31 号文件”下发，这是高校辅导员做好思想政治工作的纲领性文件，为高校辅导员开展工作的总体方向、具体内容、方法路径等都做出具体指示，同时对加强包括辅导员队伍在内的思想政治工作队伍建设提出明确要求。“31 号文件”提出，一是要提升教师思想政治素质。加强思想政治工作，努力培养造就“四有”（有理想信念、有道德情操、有扎实学识、有仁爱之心）好老师。基于教育者首先要受教育的理念，加强师德师风建设，在对教师进行培养的同时加强教育管理，同时明确师德底线和纪律约束，引导教师成为学高为师、身正为范之践行者，推动形成崇尚精品、严谨治学、注重诚信、讲求责任的学术品格和优良学风。二是要完善教师评聘和考核机制。增加课堂教学的权重，引导教师将更多精力投入课堂教学，实施师德“一票否决”制。三是要配齐建强思想政治工作队伍和党务工作队伍。纳入高校人才队伍建设总体规划，完善选拔、培养、激励机制。这一文件为高校辅导员职业生涯发展提供了最新的方向指导和遵循。

这些主导性政策从根本上进一步明确了高校辅导员的工作性质、内容、方法等基本方向，是高校辅导员工作及其职业化、专业化发展的主导性制度与指导性意见，为高校辅导员职业生涯发展提供了直接的政策依据。

三、高校辅导员职业生涯发展的专门性政策

面向高校辅导员群体专门出台的各类制度文件对高校辅导员职业生涯发展产生着直接的影响，这些专门性政策的文件主要有《普通高等学校辅导员队伍建设规定》（“24 号令”）、《职业能力标准》，以及《普通高等学校辅导员培训规划（2013—2017 年）》（教党〔2013〕9 号，简称《培训规划》）等。

部长令属于部门规章，“24 号令”是教育部部长令，代表从教育部的高度对高校辅导员队伍建设提出的专门性整体性意见，主要从要求与职责、配备与选聘、培养与发展、管理与考核四大方面做了明确规定。“24 号令”是对“16 号文件”有关辅导员队伍建设内容的进一步细化，首次明确了高校辅导员的角色定位、岗位职责等内容，明确指出“辅导员是高等学校教师队伍和管理队伍的重要组成部分，具有教师和干部的双重身份。辅导员是开展大学生思想政治教育的骨干力量，是高校学生日常思想政治教育和管理工作的组织者、实施者和指导者。辅导员应当努力成为学生的人生导师和健康成长的知心朋友”，并提出“政治强、业务精、纪律严、作风正”的选聘标准和辅导员

工作的5条要求与8项职责。“24号令”还提出了一些关键政策，如在人员配备比例、职级职称晋升等方面提出了硬性要求，对各高校落实政策具有较强的指导意义，明确指出：“高等学校总体上要按师生比不低于1∶200的比例设置本、专科生一线专职辅导员岗位。”“高等学校应结合实际，按各校统一的教师职务岗位结构比例合理设置专职辅导员的相应教师职务岗位。专职辅导员可按助教、讲师、副教授、教授要求评聘思想政治教育学科或其他相关学科的专业技术职务。”“24号令”具有比较强的约束力、执行力。当前大学生思想政治教育规范体系中，以专项立法推动工作的情况不多，可见国家对高校辅导员队伍建设的重视程度。

2015年11月，教育部就“24号令”的修订情况在网上公开征求意见，可以看到，新修改的规定在各方面都提出了更高、更加明确的要求。新规定要求：辅导员须努力学习思想政治教育的基本理论，运用理论分析、调查研究等方法开展思想政治教育工作的理论和实践研究；明确提出高校辅导员应当是中国共产党党员；要求高校辅导员积极学习和运用现代信息技术，构建网络思想政治教育阵地，强化与学生的线上互动及交流，依据学生关注的重点、难点、热点进行有效舆论引导，丰富网上宣传内容，努力把握网络舆论的话语权和主导权；及时了解网络的舆情信息，密切关注学生的网络动态，敏锐地把握学生出现的一些带有苗头性、倾向性、群体性的问题。新规定要求，建立国家、省级和高校三级辅导员培训体系，确保每名专职辅导员每5年参加1次国家级或省级培训，各高校需要对本校辅导员进行系统培训，每年开展不少于4次的校级培训，并积极选派辅导员参与校外培训。

2014年3月，教育部印发了《职业能力标准》，这是继“24号令”之后加强高校辅导员队伍建设的又一重要文件，主要是针对高校辅导员的职业概况、基本要求以及各职业等级能力标准进行相应的规范与要求。《职业能力标准》的制定和实施，进一步强化了高校辅导员队伍建设的政策导向，各地各高校在加强辅导员培养的过程中也有了基本依据。标准的发布也从国家教育主管部门的角度进一步明确了辅导员工作的专业内涵，对辅导员系统学习掌握与工作相关的理论知识、日常管理的法律法规以及自身发展的政策制度等提供确切的指导框架，同时也为辅导员进行自我评价并提升专业素养和职业能力指出具体的路径导向。值得强调的是，作为一个导向型标准，《职业能力标准》划分出初、中、高三种类型的职业能力等级，从九个方面出发，对高校辅导员在思想政治教育、党团和班级建设、学业指导、日常事务管理、心理健康教育与咨询、网络思想政治教育、危机事件应对、职业规划与就业指导、理论与实践研究等具体的工作内容进行了明确列举梳理和具体规范，同时，对辅导员在不同等级、不同职业功能上应具备的能力和理论知识储备进行了明确要求。从辅导员职业能力的三个等级不难看出，教育主管部门倡导辅导员职业发展的渐进性和阶段性，同时也引导辅导员根据工作年限，明确地对照自身当前所处的职业发展阶段和应具备的职业能力，进而调整、规划自身职业发展的努力方向和目标，使其符合个人成长与发展规律的循序提升。

“24 号令”从整体角度为高校辅导员队伍建设提供明确的规定，《职业能力标准》则对高校辅导员个体的素质要求提供了根本的遵循。2013 年教育部党组发布的《培训规划》对高校辅导员的培训培养提出了具体的要求。具体而言，《培训规划》对辅导员队伍的职业化、专业化建设提出了具体的发展方向，并建构了较为完善的培训体系，对辅导员职业能力提升有着明确的期待。从培训规模、培训质量、培训基础能力建设、辅导员整体素质提升等维度制定培训目标。明确思想政治理论教育、专业素养提升、职业能力培养的培训内容。培训方式上注重实践教育方式，推进网络平台建设，组织海外考察培训，以期实现建立健全多级培训网络，加强基地建设和师资队伍建设，加强课程和教材建设，推动辅导员开展工作和学术研究，积极推进辅导员学历提升的主要任务。

这些专门性政策对高校辅导员产生着最直接的影响，它们规定了高校辅导员的工作职责、工作范畴、职业发展方向、辅导员个体的内部素质结构要求以及外部条件保障体系，是高校辅导员职业生涯发展方向和内容的直接依据，为高校辅导员职业生涯发展路径提供了最直接的遵循，如何将这些政策落到实处，还需要各地高校及行业学会等在具体执行中辅以配套性的制度文件，也就是接下来要研究的派生性政策。

四、高校辅导员职业生涯发展的派生性政策

在大力推进高校辅导员队伍建设的同时，各地各高校及各级组织结合国家的总体部署与自身实际情况，形成了一系列进一步加强和改进大学生思想政治教育的实施意见，并结合教育主管部门的专门性文件，制定了系列实施意见和细则，从政策实施的传递性而言，形成了一条较为完备的“政策链”，从而保证了上级文件的贯彻执行，也进一步提升了上级制度在基层的执行力。由于各地各高校的政策文件都是结合当地或本校的实际状况而制定的，具有一定的独立性，在此不做赘述，选取部分案例在第三章具体分析。本部分重点对教育部相关的派生性政策及和辅导员队伍建设相平行的有关政策文件进行分析。

2013 年 5 月，在全国辅导员工作现场会上，教育部发布《高校辅导员誓词》。主要内容如下：

我志愿成为一名高校辅导员，
拥护党的领导，献身教育事业，
恪守职业规范，提升专业素养，
情系学生成长，做好良师益友。
为培养社会主义合格建设者和可靠接班人而努力奋斗！

《高校辅导员誓词》的五句话，层层递进、环环相扣，分别表达了高校辅导员身份意识、工作要求、职业目标和价值追求。“我志愿成为一名高校辅导员”是起始语，开宗明义，明确身份，体现了辅导员的庄严承诺，彰显了辅导员的职业自觉性和自豪感；“拥护党的领导，献身教育事业”指出了党和国家对辅导员的明确要求，体现了辅导员对事业的奉献精神；“恪守职业规范，提升专业素养”提出了辅导员的职业目标，即推进辅导员队伍专业化、职业化发展，强调辅导员职业的出发点和工作重点；“情系学生成长，做好良师益友”体现了辅导员的使命与责任，是对辅导员的角色期待，要求辅导员努力成为学生的知心朋友和人生导师；“为培养社会主义合格建设者和可靠接班人而努力奋斗”体现了辅导员的价值追求、崇高使命和奋斗目标。可以看出，

《高校辅导员誓词》是在深入贯彻党和国家教育方针，结合我国高校辅导员工作实际和队伍建设现状的基础上形成的，誓词的凝练体现党中央对辅导员队伍建设的要求，体现辅导员的职业定位和相关工作要求，体现辅导员的角色定位和价值追求。

从理论上来说，《高校辅导员誓词》的发布是高校辅导员队伍建设研究一个新的增长点。从实践上来说，运用誓词传播高校辅导员的职业精神与角色定位，明确高校辅导员为党所用的政治要求，彰显高校辅导员的职业规范与素质要求，是对高校辅导员职业发展文化氛围的丰富和积极营造，对高校辅导员个体而言，是对自身职业生涯发展的精神鼓舞与激励。

为进一步贯彻落实“16 号文件”，相关部委先后出台了 17 个配套文件（见表 1-1），这一整体布局体现了制度建设的强大执行力，对上位文件和精神进一步细化和落实，也对当时的大学生思想政治教育从国家层面进行了总体布局。这些配套文件从课堂、教材、师资队伍建设、网络管理、实践育人、校园文化、就业工作、资助育人、心理健康、管理制度等不同层面在落实方向上提出了更加具体的要求。为建立合力育人机制、形成大德育格局打下了坚实的基础。这些政策文件多数虽不与高校辅导员队伍建设直接相关，但作为“16 号文件”的派生性政策，形成了高校辅导员的工作氛围，也是高校辅导员职业生涯发展政策环境的重要组成部分。

表 1-1　贯彻落实中央“16 号文件”的配套文件一览表

序号	文件名称	文号	印发日期
1	中共中央宣传部　教育部关于进一步加强和改进高等学校思想政治理论课的意见	教社政〔2005〕5 号	2005 年 2 月 7 日
	中共中央宣传部　教育部关于印发《〈中共中央宣传部　教育部关于进一步加强和改进高等学校思想政治理论课的意见〉实施方案》的通知	教社政〔2005〕9 号	2005 年 3 月 2 日
2	中共中央宣传部　教育部关于进一步加强高等学校学生形势与政策教育的通知	教社政〔2004〕13 号	2004 年 11 月 17 日

续表

序号	文件名称	文号	印发日期
3	中共中央宣传部　教育部关于加强和改进高等学校哲学社会科学学科体系和教材体系建设的意见	教高〔2005〕6号	2005年5月11日
4	中共中央办公厅转发《中共中央组织部　中共教育部党组　共青团中央关于加强和改进在大学生中发展党员工作和大学生党支部建设的意见》	中办发〔2005〕14号	2005年4月17日
5	教育部　共青团中央关于进一步加强高等学校校园网络管理工作的意见	教社政〔2004〕17号	2005年1月13日
6	中宣部　中央文明办　教育部　共青团中央关于进一步加强和改进大学生社会实践的意见	中青联发〔2005〕3号	2005年2月1日
7	共青团中央　教育部关于进一步加强和改进大学生社团工作的意见	中青联发〔2005〕5号	2005年1月13日
8	教育部　共青团中央关于加强和改进高等学校校园文化建设的意见	教社政〔2004〕16号	2004年12月13日
9	国务院办公厅关于进一步做好2004年普通高等学校毕业生就业工作的通知	国办发〔2004〕35号	2004年4月17日
10	国务院办公厅关于切实解决高校贫困家庭学生困难问题的通知	国办发〔2004〕68号	2004年9月3日
11	教育部　卫生部　共青团中央关于进一步加强和改进大学生心理健康教育的意见	教社政〔2005〕1号	2005年1月13日
12	普通高等学校学生管理规定	教育部令21号	2005年3月25日
13	教育部关于印发《高等学校学生行为准则》的通知	教学〔2005〕5号	2005年3月25日
14	中组部　中宣部　中央党校　教育部等关于组织高校哲学社会科学教学科研骨干研修的意见	教社政〔2005〕3号	2005年1月25日
15	教育部关于进一步加强和改进师德建设的意见	教师〔2005〕1号	2005年1月13日
16	教育部关于加强高等学校辅导员班主任队伍建设的意见	教社政〔2005〕2号	2005年1月13日
17	教育部关于整体规划大中小学德育体系的意见	教社政〔2005〕11号	2005年4月20日

这些配套性政策是主导性政策与规定性政策的延伸，虽在内容上未直接针对辅导员提出指导性意见或具体性规定，但这是对高校辅导员工作内容进行的必要补充，也是研究高校辅导员职业生涯发展所必须了解的政策依据。

第三节　高校辅导员职业生涯发展的内涵解读

“范畴是区分过程中的梯级，即认识世界过程中的梯级，是帮助我们认识和掌握自然现象之网的网上纽结。”① 范畴作为“纽结”的作用表示我们需要进一步深入解读高校辅导员职业生涯发展的理论内涵，这是阐释基本概念、基本规律与本质特征的必要过程，也是开展本研究的基本前提和重要基础。“高校辅导员职业生涯发展”是由“高校辅导员”“职业生涯”“发展”等核心概念组成的，下面将重点从高校辅导员职业、职业生涯发展、高校辅导员职业生涯发展等相关概念分别展开讨论。

一、高校辅导员作为从事大学生日常思想政治教育和管理的职业规定

“职业”一词由“职”和“业”两字组成，“职”的含义为职位、职责、权利、义务，“业”的含义有业务、事业、独特的工作等。《中国大百科全书》中对职业的定义为：“职业是随着社会分工而出现的，并随着社会分工的稳定发展而构成人们赖以生存的不同的工作方式。”② 一般而言，职业具有以下必要的因素：一是参与社会分工；二是从业者具有专门的知识和技能；三是从业者通过职业活动可以创造物质财富与精神财富；四是通过职业活动，从业者可以获取物质生活来源，并在某种程度满足精神需求。在现代社会中，职业种类已经成千上万。《中华人民共和国职业分类大典（2015 年版）》将我国职业归为 8 个大类、75 个中类、434 个小类、1 481 个细类。在这一体系中，

---

① 列宁．列宁全集：第 55 卷．2 版增订版．北京：人民出版社，2017：78.

② 中国大百科全书・社会学．北京：中国大百科全书出版社，1991：475.

高校辅导员处于第二大类（专业技术人员）第八中类（教学人员）里的第一小类（高等教育教师），其对应的职业分类代码为2080100。“从社会职业类别归属上看，高校辅导员是高校教师的一种，再上一级则是社会专业技术人员的一种，具有其所属类职业群体的本质属性。”①

随着社会分工、职业分化，“专业”成为社会分化的一种表现形式。在社会学中，专业是指专门职业，专业人员一般经过专门的教育或训练后，能够熟练掌握较为高深的专门知识和独特的专业技术，并且能够按照必要的专业标准开展专门化的职业活动。与一般职业不同，专业具有较为明显的区分度：一是专业必须具备严格高深的理论基础，同时能用理论指导实践表现出复杂的技能性；二是专业的形成是一个长期的过程，需要从业者接受长时间的专门教育与专业化训练；三是专业的从业者要承担更多更加明确而独特的社会责任，同时，工作岗位能够作为一项可长期从事的事业、具有较高社会声望；四是专业需要不断面对形势与环境变化进行学习并做出创新，不断提升自身的专业水平。刘捷综合前人研究，提出专业工作应具备以下标准：“运用专门的知识与技能，强调服务的理念与职业伦理，经过长期的培养与训练，需要不断的学习进修，享有有效的专业自治，形成坚强的专业团体。”② 基于此，高校辅导员的专业就是将辅导员职业活动视为专业表现的领域。在上述六项标准的框架下审视高校辅导员职业的专业性，是判断这一职业群体是否达到专业水平的理论框架与基本思路。

新时期，高校辅导员作为一项职业，是指利用专业理论、知识和技能专门从事大学生思想政治教育、事务管理和服务咨询，并获取报酬满足物质生活、精神生活需求的工作。但总体而言，高校辅导员相比其他职业，培训时间还有待提升，社会声望不够高，特有的专业知识依然较少，专业自主权缺乏，即高校辅导员的专业性尚在形成过程中。与此同时，纵观辅导员制度从萌芽到成长再到如今的科学化发展历程，不难看出，高校辅导员队伍是高校

---

① 李忠军．关于高校辅导员本质的几点探讨．东北师大学报（哲学社会科学版），2010（6）：164－168.

② 刘捷．专业化：挑战21世纪的教师．北京：教育科学出版社，2002：62－64.

一支特殊而又重要的保障力量，对维护高校和谐稳定、促进大学生思想政治教育产生了积极影响，同时也愈发坚定了组织保证的关键作用。

二、职业生涯发展是自我价值和社会价值的实现过程

很多国外学者将职业生涯定义为“生涯”，本书中统一作职业生涯来理解。对于职业生涯的认识与理解，很多学者都做了不同角度的界定。同时，关于职业生涯发展，国内外很多学者也从不同角度给予了界定。关于职业生涯与职业生涯发展的定义对比，如表 1－2 所示：

表 1－2　职业生涯与职业生涯发展的定义对比

学者	职业生涯定义	职业生涯发展定义
休珀（Super，1957）	是指一个人终生经历的所有职位的整体历程	发展和完善职业的自我概念的过程
卡肖（Cascio，1978）	是指一个人工作生活中所从事的职位、工作或职业顺序	训练及培育与组织需要相关的员工的个人兴趣、能力、愿望及需求
阿瑟，劳伦斯（Arthur，Lawrence；1984）	是指个人一连串的职位变换过程，这种过程能带给个人进步成长、工作的意义	指组织协助员工规划个人的生涯发展，并通过组织内的工作经验、工作要求、教育训练来完成个人的职业计划
霍尔（Hall，1986）	是指一个人终其一生，伴随与工作或职业有关的经验和活动	是一生中连续不断的过程，在这个过程中个人发展出对他自己和职业生涯的认同，并增进他的计划与职业生涯成熟度。这个终生行为过程及影响，引导出个人的工作价值、职业选择、职业生涯形态、角色整合、自我和职业生涯认同、教育水准和有关现象
伊万切维奇，格卢克（Ivancevich，Glueck；1989）	是个人工作生活中，与工作相关的经验和活动结合的态度以及行为的顺序	是一个使职业生涯行动计划付诸实践的过程。各种发展活动包括了所有在职训练及职外训练
林幸台（1989）	包括个人一生中所从事的工作，以及担任的职务角色，但同时也涉及其他非工作或非职务的活动，也就是个人生活中衣食住行及娱乐的综合	是指一种终生连续不断的过程，涉及个人各方面生活目标的选择与行为方式安排的历程，个人通过这种过程，将塑造出独特的生活方式与人生目标

续表

学者	职业生涯定义	职业生涯发展定义
关培兰　张爱武（2009）	不仅是一份工作所能代表的意义，更是个人发挥潜能、表现自我的人生舞台	是一个终生的发展历程，经过教育和训练及社会辅导，增进自我了解，认识环境世界，协助建立自我观念和以工作为导向的社会价值观，并借由职业生涯路径选择、职业生涯规划、职业生涯发展能力的增强，激励自我成长，达成自我实现的目标

资料来源：关培兰，张爱武．职业生涯设计与管理．武汉：武汉大学出版社，2009：4－7.

无论是西方学者还是中国学者对职业生涯的解读，我们都可看出，职业生涯除了职位和工作带来的社会价值意义之外，更是个体不断发挥自身能力进而实现自我的过程。本研究正是基于这样的理解来研究高校辅导员的职业生涯发展。通过上述对比，我们不难理解，职业生涯发展是个体自我价值和社会价值实现的动态过程，在这个过程中，个体通过对社会价值的判断进行自我认知、自我定位、自我成长，并通过自身的职业活动，以期达到自我价值与社会价值的目标统一。同时，职业生涯发展是与职业生涯选择、职业生涯规划密不可分的，它包含着个体与环境的交互作用，这种发展不仅是职位上的晋升与岗位的变动，同时也包含着个人的能力与人格的发展。

三、高校辅导员职业生涯发展的基本特征

高校辅导员职业生涯发展是指高校辅导员个体在不同的阶段自我定位逐步明确、角色定位趋于成熟、专业水平不断提升、人格成长不断完善，以及自我价值不断实现的过程。高校辅导员职业生涯发展的过程，实质是指高校辅导员在承担国家使命与社会责任的基础之上所进行的职业生涯路径选择的过程，这一过程伴随着职业生涯规划以及个体素质能力的发展，进而实现辅导员的自我成长目标。这些目标主要包括：养成一定的自我认知能力，深入了解高校辅导员工作环境，完成对高校辅导员职业生涯的试探、规划和准备，提升自身的职业化、专业化水平，形成良好的人际关系及师生互动关系，确立积极的自我实现动机。从个体的内在角度看，高校辅导员职业生涯发展是

指个体成长的动态过程；而从群体、外在角度看，则是对高校辅导员成长与发展的过程规律进行总体把握。总的来说，高校辅导员职业生涯发展是一个动态过程，主要体现为高校辅导员的素质能力提升，人格不断更新、演进和丰富的本质发展特征与内在过程规律。

高校辅导员职业生涯发展内涵的明确定位、规范和提升，是高校辅导员主体成长的前提和基础，是高校辅导员职业化、专业化发展的过程需要。叶澜教授等认为："就教师专业发展与教师专业成长来说，两者是同义的，只是前者强调发展过程，而后者主要是指发展的结果。"[①] 可见，高校辅导员作为教师，其职业化、专业化的成长主要是指职业生涯发展的结果。具体而言，高校辅导员职业生涯发展是指高校辅导员个体自觉地把握社会对其职业化、专业化成长的期望，努力达到职业角色要求，具备职业能力素养并持续追求的过程。理解和把握这一概念，至少应理解以下含义：

第一，高校辅导员是自身职业生涯发展的主导者。高校辅导员的职业生涯发展不能只依靠外界灌输而进行，更重要的在于高校辅导员的自觉意识与主动行为以及个人的反思能力。高校辅导员要有规划自身发展的意识，并充分发挥自身的能动性，不断提升专业水平与职业能力、人格及心理素质，在工作中不断调整自身的职业生涯发展目标，选择合理的发展路径。

第二，高校辅导员职业生涯发展是社会外在要求内化为个人素质的过程。发展是一个不断生长和成熟的动态过程，它是个体生命不断积蓄形成素质结构，并充分发挥自身内部的力量，在平衡自身与外部环境关系中形成的一种积极状态。高校辅导员职业生涯发展过程就是自身内在素质持续完善和提升的过程。同时，这些素质要求又是高校辅导员职业生涯发展的政策环境、职业化需求、专业化要求等外在表现的内在需要，因此这一过程也是一种外在要求的内化过程。

第三，高校辅导员职业生涯发展是持续的动态过程。教育并不随着学校学习的结束而终止，而是一个统一的连续不间断的过程，它存在于个体成长

---

① 叶澜，白益民，王彤，等．教师角色与教师发展新探．北京：教育科学出版社，2001：228.

的全过程。同时，个体的发展过程也贯穿于其职业生涯的全程，对高校辅导员个体而言，其职业生涯发展的持续性在于不间断的变化，这种不间断来源于职业生涯发展本身的不可停滞性；而变化本身就是动态的。因此，高校辅导员职业生涯发展对个体而言，是其成长的动态过程，同时这种成长也是外在价值引导下的一个持续发展过程。

第四，高校辅导员职业生涯发展的目的在于其自我实现和社会贡献的统一。任何职业群体都要承担必要的社会责任，高校辅导员队伍更承担着艰巨的使命和任务，高校辅导员职业存在的本质意义也在于完成国家意志，这种岗位的特殊性决定了这支队伍必须进行社会贡献。同时，高校辅导员个体的职业发展目标在于提升自身能力、完善职业人格，在职业发展进程中完成自我实现的具体目标；而高校辅导员队伍的职业化、专业化发展要求则是这一群体自我实现的总体目标。只谈自我实现终会失去这一职业的存在价值，而只谈社会贡献则易丧失高校辅导员的主体性，因此，高校辅导员职业生涯发展的目的在于自我实现和社会贡献的统一，这也是全面提升高校思想政治教育工作质量、完成立德树人根本任务的重要途径。

总体而言，高校辅导员职业生涯发展既立足于高校辅导员职业的专业性尚未完全实现这一特殊阶段，又考虑到高校辅导员个体的职业生涯需要一个稳定的环境。同时，作为一种职业，高校辅导员的职业生涯发展需要从个体的角度考虑主体动力问题，也要从组织的角度考虑职业发展的组织管理问题。鉴于上述，本书的研究架构是基于当前高校辅导员满足职业条件但专业性不足的基本前提所进行的理论层面的探讨，同时以现实境遇的瓶颈之处为衔接点，对高校辅导员职业生涯发展的应然状态进行理想架构。

第二章

高校辅导员职业生涯发展的基本内容

“发展”在《现代汉语词典（第 7 版）》中的解释是事物由小到大、由简单到复杂、由低级到高级的变化[①]。研究高校辅导员职业生涯发展，首先需要解决的是“什么样的发展”和“如何发展”这两个根本性问题。什么样的发展关系到高校辅导员职业生涯发展的基本内容；如何发展关系到高校辅导员职业生涯发展的方式；促进发展的各种要素及其内在关系的认知，关系到高校辅导员职业生涯发展的基本规律探索。厘清这些基本问题的同时，我们不得不强调，高校辅导员作为一个政策性较强的职业群体存在，其职业生涯发展需要个体化的设计，更需要组织的顶层设计管理。本部分研究的总体思路就是，以高校辅导员职业生涯发展相关内容结构的分析为基础，探究高校辅导员职业生涯发展的周期过程规律这一重点，同时把握组织管理这一重要条件，在理论层面廓清高校辅导员职业生涯发展的基本内容。这是从静态结构、动态结构及组织管理三个维度分析框架下的逻辑理路。

第一节　高校辅导员职业生涯发展的内容结构

高校辅导员职业生涯的发展，涵盖职业能力、职业人格、职业路径等多方面的发展，追求全方位的发展过程，是高校辅导员队伍职业化、专业化的关键。其中，职业能力发展是高校辅导员职业生涯发展的主体和重点，职业人格发展是高校辅导员职业生涯发展的内在品质支撑，职业路径发展是高校辅导员职业生涯发展的客观条件和向度规范。本节将分别对高校辅导员职业能力发展、职业人格发展、职业路径发展的内涵、结构、实现途径等问题进行深入探讨，科学把握高校辅导员职业生涯发展内容的静态结构。

一、职业能力发展

职业能力是人们从事某种职业的多种能力的综合[②]，是一个人能否胜任一

① 中国社会科学院语言研究所词典编辑室．现代汉语词典．7 版．北京：商务印书馆，2016：352.

② 石建勋．职业生涯规划与管理．北京：清华大学出版社，2012：86.

项职业的衡量标准，也是职业生涯发展的基础。高校辅导员职业能力发展是一个多要素的关联结构体，主要体现在辅导员个体的能力结构不断丰富的动态过程。高校辅导员职业能力发展一方面是为实现自我价值现实需求的阶段性成长的过程，另一方面也是高校辅导员队伍职业化、专业化发展的过程。具体而言，高校辅导员职业能力发展既包括其专业知识的增长，也包括专业技能的提升。因此，高校辅导员职业能力发展，是指高校辅导员系统学习思想政治教育学等相关学科知识，并将其内化为自身的职业知识，转化为熟练的工作能力和工作方法，以达到自身知识结构拓展和实现专业能力提升的过程。《职业能力标准》为高校辅导员职业能力发展的研究提供了一个最基本的框架①，也为我们理解高校辅导员职业能力发展提供了直接依据。

高校辅导员职业能力发展以培训培养为主要途径。高校辅导员职业能力涵盖的知识体系和能力要求都较为专业，仅靠自身的自我学习与朋辈教育远不能达到目标要求，必须通过专门的培训、专业的培养才能取得一定的效果。这也符合终身教育的国际理念。因此，高校辅导员职业能力提升离不开规范化、科学化的培训培养体系。该标准明确要求高校辅导员根据学校的专业培养目标和教学培训计划，定期参加思想政治教育培训，并具体要求入职培训不少于40标准学时（10天），中级不少于48标准学时（16学时/年，3年12天），高级不少于128标准学时（16学时/年，8年32天）。同时要求培训师资“应具有相关专业副高级以上专业技术职务或副处级以上职级，并具有较高的思想政治教育及相关专业学术水平、理论修养和丰富的实践经验”的具体要求。在具体的操作过程中，依据不同的培训内容，可以建构岗前培训、专题培训等培训方式；依据不同的辅导员群体，可以建构辅导员骨干培训、不同年级辅导员培训；依据不同培训培养的实施者，可以构建层次递进的从国家到学校的培训培养体系。

---

① 《职业能力标准》规定，高校辅导员的职业能力特征是：“政治强、业务精、纪律严、作风正。具备思想政治教育工作相关学科的宽口径知识储备。具备较强的组织管理能力和语言、文字表达能力，及教育引导能力、调查研究能力等。”它还将高校辅导员的职业能力分为初级、中级、高级三个等级。在基础知识、专业知识、法律法规知识三个维度对高校辅导员的职业知识做出明确要求，并就9项职业功能分别根据三个职业等级对应的67项工作内容提出了75项能力要求。

但还需强调的是，培训培养属于外部环境对高校辅导员职业能力发展塑造的过程，但外在的培训培养仍需通过高校辅导员内在的自我教育发挥作用，实现能动的自我完善和提升。所谓自我教育，就是有目的、有计划地进行自我知识学习、工作能力提升，是促进个体发展的内在动力。高校辅导员的自我教育亦是如此，即辅导员通过自学与借鉴、反观与反思等一系列自我学习的活动，不断丰富自身素质结构的活动，这种活动是实现高校辅导员知识与能力体系重新建构的一个最佳路径，也是高校辅导员职业能力发展的内在动力。高校辅导员有着丰富的实践经验，这些实践经验是可以上升为理论知识的宝贵财富，也是高校辅导员职业能力发展的内在诉求。舒尔曼认为："专业人员必须培养从经验中学习和对自己的实践加以思考的能力。"[①] 这种实践经验升华为理论知识是高校辅导员自我教育的重要内容。具体的过程为：高校辅导员在具体的工作实践中进行总结反思、凝练提升，能够形成初步的、散在的经验性知识；这些知识在实践中不断被反复的强化之后，可以形成一种系统的理论知识体系。在这一过程中，总结反思发挥着核心作用，这也是高校辅导员自我教育过程中的必要手段。更重要的是，培训培养等外在教育内容必须经过高校辅导员的工作实践经验来具体体现。理论学习的真正价值就在于它能够对实践活动进行指导，同时这种指导也是对理论知识的检验与修正。这种通过学习理论知识来指导实践的方式也是高校辅导员开展自我教育的重要途径。在此意义上，高校辅导员自我教育是通过有目的、有计划从事职业活动和理论学习，以不断习得与主体工作及成长相关的要求及规范，使自身素质与职业要求实现有效匹配的过程。这也是高校辅导员职业能力发展的过程，在自我教育过程中，高校辅导员所学习的理论知识是理论基础，也是高校辅导员开展实践工作的理论支撑，对工作内容、方向、途径、方法的丰富与创新有着重要的意义；而高校辅导员的工作实践是其进行自我教育的重要途径，邓小平曾说，"实践是检验真理的唯一标准"[②]。因此，高校辅导员

① 舒尔曼．理论、实践与教育的专业化．比较教育研究，1999（5）：3.

② 邓小平．邓小平文选：第3卷．北京：人民出版社，1993：28.

的工作实践既应用了所学的理论知识，也检验了知识的真伪。

总之，工作实践是高校辅导员进行自我教育的重要环节，即高校辅导员职业能力发展是通过外在的培训培养与内在自我教育共同完成的，而内在的自我教育又通过外在的工作实践来实现，因此，高校辅导员职业能力发展是在不断的内在反思和外在活动的互动中进行的螺旋式上升的过程。

二、职业人格发展

在不同的专业背景下，人格具有不同的含义。法律上，人格是指作为权利义务主体的资格；心理学上，人格是指人的性格、气质、能力等内在特征的总称，与个性一词意义相近；伦理学上，人格指的是道德主体品格，是个体在社会生活中的地位和作用的统一体。本书研究的职业人格是在广义概念下界定的，具体指职业道德品质和职业心理的总称，一个人的职业人格表现在职业理想、职业认知、职业情感、职业信念等心理活动和职业道德、职业规范等价值规范的各方面。

高校辅导员职业人格发展应具有三个向度的内容：一是健康的心理素质，主要包括高校辅导员良好的职业兴趣、职业认知、职业情感、职业信念，以及在从业过程中的职业倦怠调适、职业压力应对、自我调节等心理素质，这是高校辅导员职业人格发展的基础性内容，决定着其职业人格发展的方向。二是积极的道德品质，主要包括高校辅导员应当具有的敬业爱生、尽职尽责、公平公正、诚实守信、乐于奉献、为人师表的积极品格，这是高校辅导员职业人格发展的规范性内容，是其职业人格发展的重点所在。三是鲜明的个性特质，主要包括高校辅导员在职业活动中应当具备的博爱、宽容、平易近人、乐观向上的人格魅力，这是高校辅导员职业人格发展的关键性内容，是梳理职业形象的必要因素。事实上，高校辅导员的职业人格发展，是心理素质的强化、道德品质的养成、个性特质的彰显这三个向度交互作用、递进上升的过程。其中，心理素质的强化是高校辅导员职业人格发展的基础，道德品质的养成是高校辅导员职业人格发展的关键，个性特质的彰显则是高校辅导员职业人格发展的一种境界。

可以断言，高校辅导员职业人格发展主要是指职业心理的成长成熟以及职业道德和个性的养成过程。对这一概念的理解和把握，至少应包括四层含义：第一，心理成长是高校辅导员职业人格发展的重点。每个人都会经历自我的心理成长，但职业人格发展概念下的心理成长既有一般意义上关于个体心理健康状态、个性心理品质等方面的心理成长，同时又是在高校辅导员这一职业前提下关于职业认知、职业情感、职业信念的形成过程，以及职业生涯发展不同时期的职业适应、压力应对、职业兴趣、职业倦怠等方面的成长与发展。这种心理成长与高校辅导员的职业活动紧密关联，是一种特殊的心理素质发展类型。第二，高校辅导员职业人格发展是一个过程，也是一种状态。发展本身就是一个动态的过程，这是高校辅导员在朝着一定目标不断完善自我、积极应对的过程，也是一个长期、持续的发展过程。但同时，人格发展本身就没有终止，高校辅导员职业人格发展也是在这一动态过程中所表现出来的一种人格发展的状态。也就是说，这种状态就是高校辅导员自我完善的过程，这种动态的发展也是高校辅导员职业人格的常态。第三，高校辅导员职业人格发展的目标在于实现全面发展。高校辅导员职业能力的发展通过培训培养及自身的主动学习得以实现，而职业人格的发展则受到多方因素的影响不易实现。作为高校辅导员职业生涯发展的必要条件，高校辅导员人格发展更是需要在已经形成较为稳定的人格特质基础上进行，并且是需要根据高校辅导员的职业特性来重点发展的职业人格。职业人格发展是高校辅导员职业生涯发展的内在支撑，其好坏直接关系到高校辅导员职业生涯发展能否顺利进行，决定着个体的职业生命力。因此，职业人格发展是高校辅导员职业生涯发展的重要组成部分，同时也是决定能否实现全面发展的关键因素。第四，高校辅导员职业人格发展与职业能力发展同等重要。在高校辅导员队伍建设职业化、专业化的时代背景下，学者们更多关注的是知识技能的培养，但高校辅导员的思想道德、心理素养同等重要。职业人格发展与职业能力发展密不可分，都是高校辅导员职业生涯发展的一部分，两者是相辅相成、互为促进的。职业人格发展是高校辅导员职业能力发展基础要素，是促进辅导员专业化发展的基础和中介。反之，高校辅导员人格获得发展后，便能够以积极的心态与健康的品质开展工作，其职业能力水平也会提高。高校辅导员的职业人格发展会促进其职业能力发展，二者同等重要。

总之，高校辅导员的职业人格发展，不仅包括高校辅导员在职业化、专业化发展过程中的心理素质提升，还与高校辅导员师德状况、师生关系及学生成长等问题密切相关，加强当前高校辅导员的职业人格发展尤为关键。一方面，须加强高校辅导员职业人格发展的自主意识。主要增强高校辅导员提升自身心理素质的意识，促进其形成积极向上的道德观念，不断健全自我的个性特征，形成自身独特的人格魅力。另一方面，要重点发挥高校辅导员的职业信念力量，提高其自我心理调适能力。高校辅导员处于高等教育管理的一线，工作内容烦琐，工作强度较大，工作压力源多，属于高压人群，高校辅导员不可避免地面临诸多压力，易产生职业倦怠，直接影响他们的身心健康。因此，高校辅导员必须加强自我修养，以坚定的职业信念应对各方矛盾和压力，并不断提高自我的心理调适能力，通过调适压力，调节职业倦怠等方式，积极促进自身职业人格的发展。

三、职业路径发展

职业路径是"组织为内部员工设计的自我认知、成长和晋升的管理方案。职业路径规划是现代人力资源管理的重要环节，组织为员工建立科学合理的职业路径，对调动他们的积极性与创造性，增加对组织的忠诚度，从而促进组织的持续发展，具有重要的意义"[①]。本书所研究的职业路径，是指高校辅导员客观存在的职业发展历程，是一系列职位所排列形成的时间序列，反映了高校辅导员群体职业生涯发展的系统性、动态性特征。

在时代背景下，高校辅导员职业路径发展十分明确，即职业化、专业化的双重发展方向。这种双重发展方向与双重职业路径[②]并不相同，二者具有相

① 周文霞．职业生涯管理．上海：复旦大学出版社，2006：138－139.

② 在职业生涯规划理论体系中，双重职业路径主要是为解决某一领域具有专业技能，既不期望在自己的业务领域内长期从事专业工作，又不希望随着职业的发展而离开自己的专业领域的人而制定的职业路径。

互作用、相辅相成的统一性。“所谓‘专业化’，是指某项工作由经过专门培训的专业人员，专门从事并且不断提高的一个过程。所谓‘职业化’，是指在职场中按照一定的行为规范进行活动的行为。”[①] 高校辅导员职业能力发展目标是具备多门专业知识及技能，辅导员的专业化和职业化是动态的发展过程，主要是指辅导员队伍结构中专业人员不断丰富，这类专业人员一方面要在岗前经过专门教育与培训，另一方面在工作岗位上不断提升专业知识与技能；同时，高校辅导员群体的职业定位与标准要不断明晰，专业自主权须不断增强，职业伦理道德规范明确，管理机制和考核体系不断完善。同时，专业化和职业化在内涵上具有一定的差异性。专业化既有对从业人员个体的内在素质结构要求，又侧重辅导员队伍群体的体制机制、社会声望等方面的要求，它作为一种基础条件促进职业化发展；而职业化在含义上更多是指外界对辅导员岗位的期待与要求，一方面指外部条件对辅导员队伍的激励措施，另一方面指辅导员所具备的形象的外在影响。在趋于极端的理想状态下，没有专业化，辅导员队伍的专业化水平就难以保障，职业化水平也不可能提升；同理，没有职业化，高校辅导员队伍的专业化发展方向就难以维持，专业化的知识体系与能力要求也难以实现。因此，专业化不断推动职业化发展，职业化是专业化的保障条件。

高校辅导员职业化、专业化的职业路径的发展源于以下几点内容：第一，职业化、专业化的职业路径方向是提高工作针对性、实效性的重要途径。高校辅导员职业路径走向职业化、专业化，直接改变的是辅导员个体的职业能力，进而影响到思想政治教育的效果。高校辅导员是大学生思想政治教育工作的基层执行者与参与者，大学生思想政治教育的效果与高校辅导员队伍密切关联。当前，大学生思想政治教育工作面临着严峻形势与新问题，具有问题存在的普遍性、问题发生的集中性和问题解决的迫切性等特点，对大学生成长成才及思想政治教育工作的针对性、实效性带来了严峻挑战。高校辅导员面对多样、复杂的大学生思想政治教育工作，需要不断提升自身能力水平，

---

① 冯刚．论辅导员的专业化培养和职业化发展．思想教育研究，2007（11）：13－15.

创新和探索方法路径，更好地胜任新时期工作。职业化、专业化是完善辅导员队伍素质结构、提升职业能力的基本方向，对提高大学生思想政治教育的针对性、实效性具有重要作用。第二，职业化、专业化是高校辅导员个体成长的必然要求。当前，高校辅导员队伍整体上存在职业化、专业化程度不高的情况。高校辅导员工作需要提升科学化水平，但基本前提是进行必要的经验积累，这是其职业生涯发展的必经过程。与此同时，长期停滞发展或处于经验积累阶段则会严重阻碍高校辅导员职业生涯发展，影响其职业化、专业化进程，视为职业生涯发展的一种消退。高校辅导员实现高水平、高层次发展，必须从经验积累阶段跃升至科学提升阶段，而这种跃升就要求高校辅导员通过职业化、专业化的职业路径完成。第三，职业化、专业化职业路径方向是高校人才培养的现实需要。当代大学生个性特征鲜明、成长需求突出，学习生活与成长发展的环境与过去相比发生了重大变化，其思想的自主性与差异性显著增强。大学生的多样化成长需求为高校辅导员作为人生导师和知心朋友开展工作带来了新的挑战，需要为大学生提供内容更加全面、方法更为专业的思想引导及管理服务。与此同时，高校辅导员的工作内容也不仅仅局限于思想政治教育和日常事务管理，而是发展到职业生涯设计与规划、心理健康教育与疏导、学业指导与发展、就业咨询与指导等各个专业领域。这些专业领域均对高校辅导员所应具备的专业知识和实践能力提出了更新更具体的要求。而职业化、专业化职业路径方向正是基于学生的现实需要，为辅导员提供了更为明确的职业能力提升的基本框架，因此，这一方向也是满足大学生成才需求的关键所在。

职业化、专业化的职业路径方向是加强高校辅导员队伍建设的基本指向，也是确保建设一支高水平辅导员队伍的重要保障。需强调说明，高校辅导员的职业化、专业化职业路径并非严格意义上从范围到个体的全体辅导员完全专业化和职业终身化。具体而言，这是当前高校辅导员队伍建设发展阶段一种专业化培养、职业化发展的理念，也是高校辅导员个体职业生涯发展的导向。当然，全体辅导员完全专业化和职业终身化是一种积极的理想状态，但现实境遇中，我们所讨论的范畴是从事高校辅导员工作的骨干人员的专业化、职业化，亦即是说，从事高校辅导员岗位的人员须按照专业化、职业化的要求来培养与发展，与此同时，要在体制机制上为优秀人才长期从事辅导员工作搭建平台。总的来说，高校辅导员职业化、专业化的发展路径，是把辅导员职业打造成可终身从事、有发展空间的重要遵循，是实现高校辅导员队伍工作科学化、管理专门化和理念专家化的重要保障。

第二节　高校辅导员职业生涯发展的周期过程

在职业生涯周期的研究中，学界普遍将人的职业生涯发展按时间顺序划分为几个阶段。如美国职业管理学家舒伯通过大量且全面的研究，把人的职业生涯划分为成长、探索、建立、维持和退出五个阶段；金斯伯格倡导三段论，即将职业生涯分为幻想期、尝试期和现实期三个递进的阶段等。国内的研究多从这些理论框架出发，对不同群体的职业生涯周期展开研究，其中较为典型的教师职业生涯周期，一般将教师从入职到退职的这段时间的发展规律划分为适应期、成长期、成熟期、高原期和超越期五个阶段。总体上，国内外关于职业生涯周期的阶段划分都有一个共性特征，即具有连续性和不可逆性。基于这一基本规律，结合高校辅导员的工作实际情况，借鉴《职业能力标准》中对高校辅导员进行的初级、中级、高级的划分情况，笔者根据工作年限主要将辅导员职业生涯发展阶段划分为四个时期（见图 2-1）。

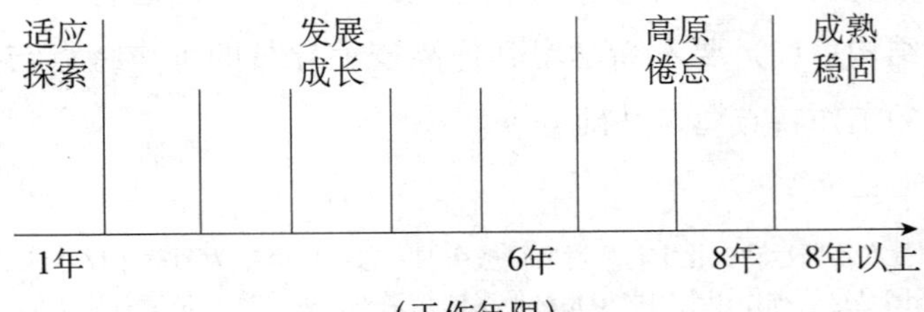

图 2-1　高校辅导员职业生涯发展周期阶段划分

一、适应探索期

皮亚杰认为，适应①是有机体与环境间的平衡运动，它既可以是一个过程，也可以是一种状态②。任何个体在进入一个新的环境后都要经历一定的适应过程，而职业适应则是由学生角色或其他角色进入职业角色后所必须经历的一种状态。对于高校辅导员的适应探索期而言，一般在入职后一年左右均为适应探索期，这一阶段既是高校辅导员尽快找准角色定位的适应关键期，也是被组织接纳认同的探索期。这一阶段，高校辅导员的职业生涯发展主要有如下特征：

一是职业能力的不足。在走进工作岗位之前，高校辅导员都接受过一系列的入职培训，主要包括形势政策介绍、专业知识学习、业务技能训练等等，但这些仅仅是停留在理论层面和高校辅导员的意识层面，如何在工作岗位上用好所学知识与技能是高校辅导员适应探索期面临的首要问题。职业能力主要包括专业知识和职业技能两方面内容，适应探索期的高校辅导员的专业知识相对稳固，均为入职前的学习培训中所形成的知识结构体系，差异在于具有相关学科背景的高校辅导员掌握的专业知识较为丰富；而职业技能的基础则差异性不大，基本上没有相关的工作经验。因此，适应探索期的高校辅导员都面临着一个最突出的问题就是职业能力的不足，需要通过不断的学习与经验积累快速提升自身的职业能力。高校辅导员中新手的学习要有目标、有计划地进行：（1）要学习与高校辅导员工作相关的职业技能和工作流程，如谈心谈话、班会策划、主题演讲的技能及活动策划、党员发展、资助对象评定等各项工作流程；（2）要学习与思想政治教育相关的理论知识，不断更新自身的知识结构；（3）要不断学习其他高校辅导员的工作特点与技巧，为自己形成一定的工作特点奠定基础。

---

① 有机体是在不断运动变化中与环境取得平衡的，它可以概括为两种相反相成的作用：同化和顺应。适应状态则是这两种作用之间取得相对平衡的结果。这种平衡不是绝对静止的，某一个水平的平衡会成为另一个水平的平衡运动的开始。如果机体与环境失去平衡，就需要改变行为以重建平衡。这种“平衡-不平衡-平衡”的动态变化过程就是适应。

② 皮亚杰．心理学与认识论：一种关于知识的理论．北京：求实出版社，1988：33.

二是职业人格的初建。在职业生涯的起点，高校辅导员将完成社会角色和心理的一次重要转变。即使有了一定职业履历的人初入高校辅导员岗位，无论是职级变化、地域变化，还是职业种类变化，都会经历高校辅导员职业人格建立的过程。（1）在完成其他角色到辅导员的职业角色的转变过程中，尽快融入这一新的工作环境，调整角色转换带来的心理不适，重构心理素质；（2）要尽快熟悉并了解高校辅导员工作岗位的各项制度，遵守各项规定，并熟练掌握高校辅导员的工作职责和行为规范，遵守高校辅导员职业道德、纪律及要求等；（3）要注重个性特质的养成，进入工作岗位后，高校辅导员需要建立一定的人际关系网络，处理各种各样的人际关系，诸如师生关系、同事关系、与学生家长之间的关系、与领导之间的关系等，而同时高校辅导员工作岗位还需要建立一定的个性特质，因此要注重自身个性与辅导员团队和学生工作共性之间的协调一致，在积极主动地开展工作、提升能力的同时，要以团结合作的人格品质促进自身发展。

三是职业路径的探索。职业路径决定着一个人今后的发展方向和空间，也是初入职场者不可回避的问题。高校辅导员同样如此，在适应探索阶段，高校辅导员也有着一定的职业发展目标和策略，对职业路径的方向性探索也是这一阶段高校辅导员职业生涯发展的主题。具体而言，有以下几个方面的内容：（1）明确职业路径的发展方向，了解自身的发展潜质。一方面根据全国及所在高校的具体政策，对自身今后的发展有一定的方向性思考；另一方面，对自身的能力特征有一定的客观认识和把握，能够初步明确科学合理的发展方向，即明确的职业化、专业化发展方向。（2）根据目标，开始有重点地提升自身素质，主要是探索高校辅导员职业化、专业化发展方向所需的素质能力，为自己明确初步的职业生涯规划，着重提高某一方面的综合素质，为自身实现初步规划打造基础性条件。（3）对职业路径的未来走向有一定的基本判断，能够了解未来高校辅导员职业路径发展过程中的一些困难障碍，并有一定的初步预案。

二、发展成长期

辅导员在经过了职业生涯的初期适应与探索之后，基本能够完成对职业的认知和角色的转换，步入职业生涯的发展成长期。这一阶段时间较长，工作年限为2～6年的高校辅导员一般都处于发展成长期，这也是高校辅导员职业生涯发展过程中最重要的阶段。这一发展周期的高校辅导员已经积累了一定的工作经验、初步掌握了一定的业务能力及科研能力。理论与实践的充分结合是这一发展阶段的显著表征。在这一阶段，高校辅导员进入一个快速成长的周期，具体表现为以下几个方面：

一是职业能力的提升。完成职业生涯的适应探索期，高校辅导员职业能力便进入一个快速提升的新阶段，这是高校辅导员职业生涯发展的重点，也是当前从国家到地方高校都最为重视的关键环节。职业能力提升具体表现在专业知识的不断丰富以及职业技能的逐步提升。专业知识方面，高校辅导员的原有知识结构体系经历适应探索期后有一定的重构，明确了解开展辅导员工作所必要的知识体系；同时，经过不断的培训与工作实践的锻炼，这一阶段的辅导员获取了更多新的知识。在职业技能方面，这一阶段的高校辅导员积累了一定的工作经验，工作方法不断丰富，业务能力、科研能力得到了基本的提升。总之，这一阶段的辅导员可以胜任日常思想政治教育和常规的管理工作，更重要的是，他们逐步具备了一定的工作总结和规划能力，可以很好地对已完成工作进行反思和总结，对未来工作进行明确的规划，能够区分出工作的重点、把握开展工作的基本规律，并熟练掌握和灵活运用一定的工作方式方法、技巧、载体等，形成了一定的初成体系的工作经验和工作成果。总之，以专业知识和职业技能为主体的职业能力提升是高校辅导员职业生涯发展的重点，这是高校辅导员职业发展的“拔节期”，此阶段发展的成效决定了高校辅导员职业生涯发展的高度。

二是职业人格的完善。完成职业适应探索期的心理调整之后，高校辅导员的职业人格发展也进入一个新阶段，主要表现在职业理想逐步确立、心理调节力和耐挫力不断增强、具有高度的工作责任感、工作特性初步突显等方面。职业理想是高校辅导员职业人格的重要组成部分，在对岗位有一定的接触和了解后，高校辅导员才能逐步确立自身的职业理想，而非“带着理想”走进工作岗位。在发展成长期，高校辅导员还增强了自身的心理调节力和耐挫力，主要是因为随着工作阅历的增长，高校辅导员的信心逐步确立，同时在遇到困难时能够进行很好的自我调节，形成了积极进取、乐观向上的品质，面对一定的职业危机能够很好地克服。在职业道德方面，适应探索期的辅导员更多是对工作规则的遵守，而发展成长期的辅导员则逐步建立了高度的工作责任感，能够以高度的情感投入形成积极的爱岗敬业、公平公正的品质。最重要的是，处于成长发展阶段的高校辅导员随着工作经验的不断丰富，逐步探索形成具有自身特色的工作项目，这也是其职业个性突显的重要阶段，是高校辅导员形成品牌工作的重要基础和保障。职业人格的完善是成长发展期高校辅导员职业生涯发展的关键，也是职业能力提升是否有效的重要影响因素。

三是职业路径的明晰。在经历前期的职业路径探索后，高校辅导员结合实际情况逐步明确了自身的发展方向，这也是处于成长发展期的高校辅导员职业路径明晰的重要标志。按照《职业能力标准》的规定，成长发展期的高校辅导员经历了初级辅导员向高级辅导员的过渡，这也意味着对许多辅导员而言在职称、职务上都经历了一定程度的晋升，从助教晋升为讲师，甚至副教授，或者能够评聘为科级或副处级干部。在这一过程中，高校辅导员对自身的成长路径会有明确的考虑，重点进行职务晋升还是职称评聘，他们会根据自身的实际情况进行深入思考、明确规划。成长发展期的高校辅导员对自身职业化、专业化的发展路径明晰化，一方面，一部分人会重点考虑职业化的倾向，重点提升自身的工作能力，形成一定的品牌项目；一部分人会重点提升专业化水平，加强自身理论学习，甚至制定学位提升规划，进一步提升自己的专业化水平。另一方面，还有人将职业化发展和专业化提升同步推进，将双重发展路径紧密结合自身实际情况，努力提升自身的综合素质。当然，在成长发展期，也不乏有的高校辅导员没有明确自身的职业路径发展方向，但不可否认的是这一群体也对自身的职业生涯方向有了其他方面的规划，在此不赘述。

三、高原倦怠期

每个人的职业生涯都会经历一个相对静止的状态，也就是步入高原倦怠期。高校辅导员也不例外，在经历了适应探索期、成长发展期后，高校辅导员长时间内会处于一种相对稳定成熟的工作模式中，但随之也会进入职业生涯发展的瓶颈阶段：高原倦怠期。这个阶段有两层含义：（1）辅导员自身的工作水平难以提升和突破；（2）面对工作压力等产生一些负面情绪和反应。高原倦怠期的高校辅导员处于一种情感、态度和行为的枯竭状态，这种由长时期高压体验产生的状态一般表现在如下几个方面：

一是职业能力的提升受阻。经过一系列的培训和学习，高校辅导员的知识体系已基本稳固，职业技能也已较为稳定，这种相对成熟的状态则成为高校辅导员职业能力提升受阻的重要因素。具体表现在专业知识的学习无动力和职业技能的提升无效果。一方面，在专业知识的学习上，工作6～8年的高校辅导员对新知识的学习已基本进入一种被动接受的状态，很多新知识再难进入其认知框架中，他们没有强烈的求知欲望和动机，对现有的知识结构较为满意，难以适应高校辅导员随时代更新自身知识体系的要求。另一方面，在职业技能的提升上，这一阶段的高校辅导员能力发展已经放缓，甚至出现暂时停顿的状态，面对新时期不断出现的学生思想状况的新问题与新特点，难以用有效的方式科学地解决问题。这种专业知识学习的动机缺失与职业技能提升的无力感直接造成了高校辅导员职业能力提升受阻，成为高原倦怠期的一个最为明显的特征。这种外在的发展受限与高校辅导员的心理状态交互作用，对其职业生涯发展产生较为严重的负面影响。

二是职业人格的反复波动。高原倦怠期所表现出的现象是职业能力提升受阻和职业路径退缩迷茫，究其深层次原因，这种“高原”和“倦怠”源于心理状态的波动、能动性的消退以及职业态度的模糊、价值观念的偏离，总之，职业人格是高原倦怠期产生的内在根源所在。具体来说，这种职业人格的反复波动主要呈现在以下方面：（1）心理认知的偏差，随着时间的推移，加之外界环境因素的影响，高校辅导员容易在职业认知、职业情感方面产生一定的偏差，又因高校辅导员岗位事务繁杂，内在心理认知的偏差就很容易带来外在工作活力和热情的消失，容易使自己处于一种疲劳倦怠的状态。（2）价值观念的偏离，主要表现在工作态度消极，面对工作任务和学生时出现一定的情绪化倾向，对高校辅导员的工作意义和价值产生一定的质疑，在日常工作中具体表现为不像初入辅导员岗位时那么遵守日常工作规范，对工作任务的完成时限和效果没有一定的标准，甚至出现转岗的念头。（3）个性特质的隐退，对前期形成的工作品牌与项目不能很好地提升并进一步凝练为成果，对自身的评价出现一定的消极倾向，且工作中的成就感不足，易造成自我的工作能力体验不佳，对自我评价尤其是优势评价有明显的偏离，因此难以发挥自身的才能。

三是职业路径的退缩迷茫。进入高原倦怠期后，高校辅导员往往呈现出职业情感淡漠、工作投入减少，而晋升机会的缺乏则使其满足于现状，缺乏一定的积极进取心态。具体到职业路径的发展上，最直接的表现就是对今后发展方向的迷茫以及发展动机的不足。总体来说，受多重因素影响，高校辅导员的职业理想未能及时内化为稳定的职业信念，加之这一时期高校辅导员未能很好地对自己前期的职业生涯进行必要的评估，同时没能对现有职位有一个明确的判断，也没能很好地对自身的知识和技能进行必要的考量，进而因规划不足、评判不够，未能及时对自身的职业生涯发展寻求新的发展空间。事实上，这是一种决策的缺失状态，任何规划都需要进行必要的调整，进入高原倦怠期的辅导员面对外界的影响和自身的判断偏差，形成了这种决策缺失后，就直接导致了对职业路径发展的退缩迷茫。

四、成熟稳固期

突破高原倦怠期之后，高校辅导员职业生涯发展进入一个收获期，即成熟稳固期。这一阶段的主要特征是高校辅导员的职业能力水平、人格特质、社会支持等各方面都表现得更为成熟，他们已经形成具有优势的职业能力、稳固完善的职业人格以及坚定发展的职业路径。

一是职业能力优势的形成。经历高原倦怠期之后，高校辅导员在专业知识和职业技能方面会经历一个跨越期。一方面，部分高校辅导员通过学历提升等方式提升自身的理论素养，夯实了一定的理论基础，形成了较为完备的知识体系，此阶段的高校辅导员具有一定的研究能力，掌握了必要的研究方法，同时也在研究和工作中积累了相应的理论成果和实践成绩。另一方面，这一阶段的高校辅导员具有较强的反思能力，具备十分丰富的工作经验，并能够充分运用理论指导实践，形成了较有影响力的工作品牌项目，也能把实践中的问题转化为研究课题，深入研究和把握工作规律，形成了较为成熟的工作模式，具有较为稳定的研究方向，职业能力的优势已经初步突显。在成熟稳固期，高校辅导员的优势还在于可以指导新入职辅导员开展工作，或者组建一定的工作项目组和科研团队开展研究，进一步扩大优势的影响力和辐射面，提升自身的影响力和知名度。

二是职业人格的稳固完善。职业人格是决定高校辅导员职业生涯发展周期长短的关键因素，其中职业信念是最为重要的因素。高原倦怠期对高校辅导员的职业心理发展而言，能够将不稳定的职业理想进一步在实践中固化为稳定的职业信念，为高校辅导员追求新的目标和新的境界提供动力。职业人格的稳固发展主要表现在高校辅导员能够在经历高原倦怠期的波动后，对辅导员职业产生新的认识，并且在长期的工作实践中形成对这一岗位和职业的独特认识和理解，能够把辅导员工作当成一项长期从事的事业，形成具有独特风格的工作理念和工作模式。同时，在这一阶段，高校辅导员的道德品质要受得住考验，育人为本、敬业爱生、为人师表的要求要时刻体现在日常生活中，作为一种价值取向体现在行动的方方面面。

三是职业路径的坚定发展。进入成熟稳固期之后，高校辅导员的职业化、专业化发展方向要更加坚定，并且要更加明确成为一名专家、学者型辅导员的发展目标，对自身的职业路径发展充满信心和希望。成为一名辅导员专家是高校辅导员职业路径发展的终极目标，而在成熟稳固期，各方面的外在条件已经十分充分，高校辅导员要以坚定的信念对职业发展路径进行合理的规划。这种规划不同于前期的初步计划，更多的是对自身科研能力提升的规划，即如何能够有效将理论与实践相结合，不断提升自身的业务水平，一方面成为辅导员领域具有代表性的人物；另一方面在职称上有所突破，成为教授级、专家型辅导员。这就要求高校辅导员具有终身学习的理念，能够发挥主观能动性，自主学习相关学科理论知识及研究实践方法，进而不断更新自身知识体系，完善自身素质结构，在此基础上开展有针对性的理论研究和有特色的实践创新活动，努力提高职业素养和职业能力。

最后，还有三点需要特别强调。一是高校辅导员职业生涯发展周期并非严格遵循这一时间界限，每个辅导员个体的职业发展状态不同，其职业生涯发展周期也不尽相同。上述四个递进的发展阶段也如此，每一个阶段都与前一阶段的发展历程紧密关联，并影响下一阶段的发展。二是高校辅导员职业生涯发展的周期是一个动态循环的过程，上述四个阶段只是从高校辅导员职业生涯发展的整体进程中进行的划分，事实上，每一个阶段都有发展的好坏、成功与否之分，并不是所有人都可以顺利进入下一阶段（见图 2-2），只有不断突破[①]才能确保高校辅导员职业生涯发展的动态运行。三是要重点关注高校辅导员职业生涯发展历程中的三次危机期，即适应探索期的适应调节不当造成的信心丧失、发展成长期的职业路径不明确造成的方向偏离、高原倦怠期的重新定位不准造成的职业生涯淡出。这三次危机期会给高校辅导员带来诸多困扰，但要把握自身的基本定位，争取更多外部支持，把握好职业生涯发展的关键点位。以上三点是对高校辅导员职业生涯发展周期的一个基本思考，也是其他相关研究的最根本的理论前提。

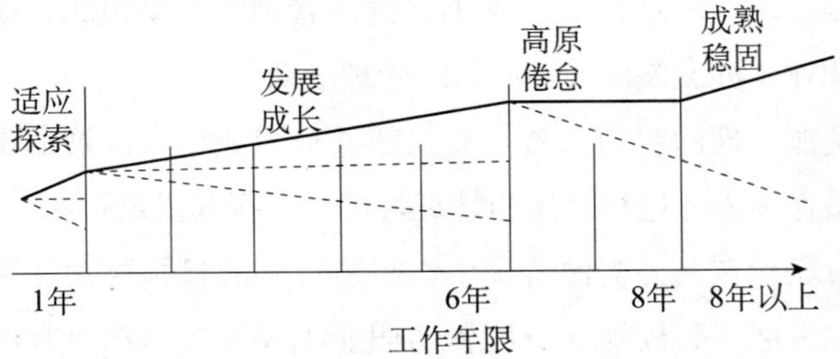

图 2-2　高校辅导员职业生涯发展周期基本走向

---

① 本研究把这种突破定义为周期超越，即高校辅导员如何能够突破职业生涯发展周期的限制寻求进一步的发展空间。这种超越是高校辅导员对自身内在的成长和外在限制的突破，在第四章的研究中笔者会进行专门论述，此部分不做展开。

第三节　高校辅导员职业生涯发展的组织管理

组织管理不同于上述静态结构与动态过程的内容，而是从组织的角度审视高校辅导员职业生涯发展的一种视角，但也确属内容结构研究应有的范畴。高校辅导员职业生涯发展是一个持续的动态过程，贯穿其职业生涯乃至人生发展的全程。尽管这需要辅导员进行自主的规划实现自身发展目标，但更需要教育主管部门和高校对辅导员职业生涯发展进行组织管理。这既是高校辅导员队伍及个体发展的需要，也是组织管理部门加强队伍建设的需求。下面将重点对高校辅导员职业生涯发展组织管理的基本概念和实施路径展开研究。

一、高校辅导员职业生涯发展组织管理的基本概念

一般意义上，职业生涯管理分为个体职业生涯管理和组织职业生涯管理。个体职业生涯管理更注重个体对自身职业生涯的规划，本书不重点探讨。在这里，我们研究的重点是组织的职业生涯管理。所谓组织职业生涯管理，“是指组织根据自身的发展目标并结合员工的发展需求，制定组织职业需求战略、职业变动规划与职业通道，并采取必要的措施加以实施，以实现组织目标和雇员发展目标相统一的过程”①。本书研究的管理主体是组织，研究重点是对高校辅导员职业生涯发展所实施的组织管理活动。

从人力资源管理的视角来看，高校辅导员职业生涯发展的组织管理，是把高校辅导员作为人才进行使用和管理，进而挖掘其潜能，拓展其发展空间，具有重要的意义。在人力资源管理中，组织管理的目标更加注重通过个体规划实现组织的发展、高校辅导员群体的职业生涯发展。在对其组织管理进行定义之前，须明确以下几点基本认识：一是管理主体，是指高校和相关的教育主管部门；二是管理的过程，是高校针对高校辅导员个体，通过一定的计

① 关培兰，张爱武．职业生涯设计与管理．武汉：武汉大学出版社，2009：267.

划、组织、协调、控制等过程完成的一种综合性的管理过程，这一过程需要组织和辅导员个体协调配合完成；三是管理的目标，是为了高校辅导员队伍建设的整体发展方向和辅导员个体的职业能力提升，以此促进高校教育教学的顺利进行和大学生的成长成才。由此可以定义，高校辅导员职业生涯发展的组织管理，就是各级教育主管部门和高校围绕高校辅导员职业生涯发展的主体内容，为实现辅导员自身职业发展与高校教育教学、学生成长成才相互促进的目标，所实施的一系列计划、组织、协调以及控制的综合管理过程。总体而言，这一过程具有以下特征：

（1）主体的多重性。除高校辅导员个体外，组织管理中的“组织”至少包括教育主管部门和高校两大类。其中教育主管部门在组织管理的过程中是政策的实施者，主要负责制定辅导员队伍建设的基本方针和总体规划，建立上位的辅导员队伍建设的制度和规定，建立一定的保障机制和监督机制，确保组织管理的顺利进行，同时对辅导员队伍的建设情况采用必要的评价措施。高校作为辅导员队伍建设的主体单位，负责制定和实施本校的辅导员队伍建设规划和实施方案，为辅导员的成长提供必要的制度支持和实践平台、物质保障，并将辅导员队伍的整体状况及时反馈至教育主管部门。当前，教育部在全国设立了20多家高校辅导员培训和研修基地，对辅导员职业生涯的组织管理也起到了重要作用。主要是为全国辅导员提供了交流、研讨平台，同时，以开展培训研修、学位提升、行业竞赛等方式对辅导员进行培训培养，有利于辅导员职业能力提升。

（2）路径的多样性。受多重主体的影响，高校辅导员职业生涯发展的组织管理路径并不单一，从政府、高校到行会组织，它们实施的各种有效途径均属高校辅导员职业生涯发展的组织管理路径。主要有政策导向、培训培养、制度保障等路径。政策导向是教育主管部门的主要实施路径，通过研制高校辅导员队伍建设的政策文件，为辅导员职业生涯发展明确方向和内容，比如教育部制定的《职业能力标准》就是很好的政策导向路径。培训培养的方式有很多，高校辅导员培训培养主要是各类组织管理主体从不同层面开展的培训、咨询、讲座等为辅导员能力发展搭建的平台，高校在这方面会有更加具体的举措，比如，通过多维度的培训研修、系统化的培养体系等确保辅导员职业生涯的发展。制度保障是通过管理办法制定关于辅导员入职条件、考核要求、职称评聘、职务晋升、人事政策、流动机制等各方面的制度，是对高校辅导员队伍进行高效管理的必要手段，也是高校辅导员职业生涯发展组织管理的重要路径。

(3) 目标的共赢性。对个体进行职业生涯发展的组织管理，一方面是为了促进其职业生涯的发展，另一方面还需要满足组织发展的需求。高校辅导员这一群体既有这一特点的共性，又有个性化表征。共性在于，高校辅导员职业生涯的发展在于推动辅导员自身职业能力提升的同时，更好地开展大学生思想政治教育工作，确保学校教育教学各项工作的顺利进行；个性在于，辅导员是做人的工作，其职业生涯发展离不开与学生的互动，因此职业生涯发展的目标是更好地培养人。所以，开展高校辅导员职业生涯发展的组织管理，既能满足辅导员个人成长的需求，又能促进学校教育事业的发展，更是促进学生成长成才的有效举措。以共赢为根本目标，是对高校辅导员职业生涯发展进行组织管理的出发点和落脚点，是满足多方需要的有效举措。这也是针对高校辅导员这一特殊群体的组织管理与企业员工的组织管理的不同之处。

(4) 标准的导向性。实施组织管理需要遵循一定的标准，这是对高校辅导员职业生涯发展组织管理情况进行评估的重要依据，具有重要的导向性。标准的导向性主要体现在以下三方面：一是能够彰显教育主管部门对辅导员队伍的整体方针和具体要求，对辅导员职业生涯发展方向有明确的指导；二是使辅导员对学校发展目标和学生成长需求有清晰的认识，促进辅导员确立与学校发展、学生成长和自身实际情况相适应的职业生涯发展目标；三是能够及时对辅导员职业生涯发展中的问题进行合理解决，诸如职业理想动摇、职业认知偏差等问题的出现会直接影响辅导员职业生涯发展方向，标准的确立能够起到一定的匡正作用。正是因为组织管理标准的导向性，各级部门开展辅导员职业生涯发展组织管理时才能够有一定的依据，并可以根据标准制定相应的实施细则和管理办法，对高校辅导员职业生涯发展起到积极的促进作用。

二、高校辅导员职业生涯发展组织管理的实施路径

在大力推进辅导员队伍建设的进程中，各地各高校都从不同维度、不同层面采取了有效措施，为高校辅导员职业生涯发展构建起重要的组织保障。在对教育主管部门和各高校的组织管理实施路径进一步总结中不难发现，主要是在系统规划、整体推进，搭建平台、科学实施，汇聚资源、制度保障三个层面进行了诸多有效的举措。

（1）系统规划、整体推进。对高校辅导员职业生涯发展进行组织管理，首要任务就是建立起系统的高校辅导员队伍建设整体规划。作为高校辅导员队伍建设的主管部门，教育部遵循中央政策文件的具体要求，制定实施了一系列关于辅导员队伍建设的规划，地方和高校也相应地根据实际情况制定辅导员队伍建设的实施办法，自上而下形成了高校辅导员队伍发展规划的联动体系，成为高校辅导员职业生涯发展的基本依据，也是高校辅导员职业生涯发展组织管理的重要内容。制定了系统的辅导员队伍培训计划，全方位开展辅导员培训工作。自2006年开始，教育部先后制定了《2006—2010年普通高等学校辅导员培训计划》《普通高等学校辅导员培训规划（2013—2017年）》，开展了一系列培训工作，自2014年起，教育部每年初就辅导员培训的专题和名额下发通知，对培训的实施进行系统的设计和推进。此外，省级教育主管部门也积极制定落实地方辅导员队伍建设的相关政策和培训培养计划，明确了地方对辅导员队伍建设的指导思想、工作思路、建设目标、政策保障等内容，通过建立省级辅导员培训和研修基地、高校辅导员研究会等机构加强政策的落实。各高校也不断加强重视，结合实际情况形成了一定的规章条例，对高校辅导员的准入机制、培养体系、晋升机制等做出细化，为辅导员职业发展搭建了畅通的渠道。同时，对高校辅导员队伍建设情况的督查主要体现在建立相应的评估标准和评估制度，对高校辅导员队伍建设进行必要的指导和监督。

（2）搭建平台、科学实施。在系统规划、整体推进的基础上，高校辅导

员职业生涯发展组织管理的实施还需要进一步加强制度安排，通过搭建平台，科学地实施组织管理。自教育部至高校，搭建起一系列促进辅导员队伍建设的活动平台和工作载体，一定程度上规范了对高校辅导员职业生涯发展的组织管理，保证各级组织管理的科学实施。2007年，教育部通过申报评选，在全国思想政治教育学科层次相对较好的高校设立了21家高校辅导员培训和研修基地，为更好地开展日常培训、高级研修、学历学位培养、专题研究等提供了较为便利的条件，这既是各级组织推进辅导员队伍建设的重要抓手，也汇聚了区域性的资源整合平台。除了各级各类的培训体系外，教育部先后实施了辅导员在职攻读学位计划，每年选拔100～150个优秀辅导员在职攻读思想政治教育及相关专业博士学位，鼓励提升学位水平并长期从事辅导员工作；实施高校辅导员海外研修、国内访学、基层挂职等项目，加强对辅导员职业能力提升的全方位培养，全面加强辅导员队伍建设。依托全国高校辅导员学会，2008年起启动全国高校辅导员年度人物评选、全国高校辅导员职业能力大赛、全国高校辅导员优秀论文评选等活动，选出表彰高校辅导员队伍中的一批先进典型，加强榜样示范教育，激励广大高校辅导员的职业认同。开展高校辅导员岗位交流计划，加强各级各类学校间辅导员的交流学习。举办高校辅导员工作创新论坛、高校辅导员工作现场会等，搭建全国辅导员理论研究与工作实践的交流平台，促进辅导员队伍建设向纵深发展，为高校辅导员职业生涯发展的组织管理增加必要的助推力量。

（3）汇聚资源、制度保障。资源是发展的助推力量。高校辅导员职业生涯发展的组织管理，需要多方资源汇聚形成合力，并通过具体的制度安排，保障其有效运行。作为一项系统工程，高校辅导员职业生涯发展的组织管理需要汇聚校内外各部门资源，确保工作的顺利进展。具体而言，高校辅导员队伍建设与发展，离不开必需的学科支撑、经费支持和必要的人力资源支持。各级主管部门对相关学科尤其是思想政治教育学科发展的日益重视，为高校辅导员职业生涯发展提供了较好的政策环境和学术平台；辅导员培训培养的各方面经费与场地保障政策在高校不断得以落实，许多高校也更加重视高校辅导员队伍科研能力的提升，多方面拉动辅导员科研项目，为其提供专业化发展的有利条件；在人力资源支持方面，加强对辅导员职业发展的指导，形成了一批以思想政治教育专家为主要组成部分的培训师资队伍和指导团队，有效促进辅导员队伍建设和职业生涯发展组织管理的实施。在制度保障方面，主要是高校在落实国家和地方有关政策的过程中，形成一批能促进辅导员队伍发展的具体措施和制度安排。通过制度固化的形式，切实保障高校辅导员队伍在选拔录用、培训培养、考核评价、薪资待遇、晋升发展、岗位流动等方面的现实需求得以满足。高校还应建立必要的制度体系，为辅导员发展与成长搭建平台，调动辅导员的积极性，为实现其职业发展目标提供充分的条件。同时，形成科学管理的组织保障也是辅导员队伍建设有效进行与科学发展的重要力量源泉。

第三章

高校辅导员职业生涯发展的现实境遇

高校辅导员职业生涯发展归根结底是一个实践命题，不仅需要在理论上梳理其基本内涵、主体内容、周期过程及组织管理，更要积极地关注其现实境遇。在这一问题上，笔者重点从现实状况的调研和影响因素的归因分析两条路径出发展开研究，前者是为更好地把握问题梳理客观的实证依据，后者是为深入地分析问题提供坚实的逻辑基础。在此基础上，挖掘高校辅导员职业生涯发展的突出矛盾，打开问题导向研究范式的链条开端，为后续研究提供实证支撑和科学依据。

第一节　高校辅导员职业生涯发展的实证考察

本部分立足高校辅导员职业生涯发展研究的基本目标，对把握高校辅导员职业生涯发展的现实状况进行梳理和把握。笔者以质性研究为基础，开展高校辅导员职业生涯发展与组织管理的典型个案分析，旨在对当前高校辅导员个体的职业生涯发展现状、基本特征和一般规律进行深入把握，同时探析高校辅导员职业生涯发展的组织管理基本情况与问题，为研究的深入进行提供真实客观的实证基础。

本部分主要按照高校辅导员职业生涯发展的四个阶段选取不同的典型个案进行分析，对每个阶段高校辅导员职业生涯发展的显著特征进行描述；同时选取两个高校辅导员职业生涯组织管理的案例进行对比分析。主要通过典型个案所展现出的显著特征归纳总结当前高校辅导员职业生涯发展现状的一般规律。

一、适应探索期的全心投入与不知所措

案例描述：

赵某，男，在某高校获得管理学专业硕士学位后应聘至某 211 高校辅导员岗位。之前他对这份工作并不十分了解，应聘原因主要是为了和女朋友在一个城市工作。工作之后，在国企工作的女朋友收入远高于他，并且由于辅

导员工作的忙碌使二人的感情出现问题，女朋友觉得他工作太忙、收入不高、发展前景不乐观，于是提出了分手。但忙碌的工作使赵某还未来得及陷入低迷，就投入了新生军训工作中。他对自己的工作十分满意，尽管忙碌，曾经一个月有4个学生生病住院，还要处理学生失恋、逃课、寝室抽烟等问题，并组织班会活动、参加学校的培训等等。但赵某特别有成就感："和学生在一起的时候特别高兴，尽管有时候学生不懂事会惹我生气，但看到学生一点点地成长成熟起来，就觉得自己的工作再忙也值了。"赵某自豪地说。对于未来，赵某也充满了信心，他所工作的学校为辅导员搭建了良好的发展平台，不仅有行政级别的保障，还有专业技术职务晋升的空间，他一边忙着工作，一边为评讲师申报课题、发表文章做准备。

和很多初入职的高校辅导员一样，赵某以一种积极进取的工作状态投入工作，尽管最初，他并非出于职业兴趣才做出这一选择，但工作之后却建立起了浓厚的职业兴趣。这也是适应探索期高校辅导员的一个显著特征：具有浓厚的工作兴趣与工作热情，能够投入大量的时间和精力。但同时，赵某有一个突出的问题，他被各项工作缠身，甚至不能处理好工作和感情的关系，也未能完全有效将工作中遇到的各种问题很好地化解，而只是凭借一腔热情开展工作。他的职业能力还有很大的上升空间，尽管学校有培训，但是当培训淹没在繁杂的事务性工作之中后，对他的作用能有多少，我们不得而知。

赵某的情况是诸多新入职高校辅导员的一个缩影。当前，高校辅导员队伍在适应探索期整体表现出一种职业认知模糊、职业兴趣浓厚、职业能力不足、工作投入较多、工作成就感易满足的特点。当前，高校辅导员队伍的一个普遍现象就是选择这份职业的理由各种各样，多数人选择高校辅导员职业的理由主要是可以进入高校工作，辅导员岗位是一个较为稳妥的选择，甚至将辅导员岗位当作转至教师岗位或其他行政职位的跳板。据了解，某省属高校2016年招聘了12名人事代理的专职辅导员，其中6名男性辅导员均非应届毕业生，先期工作经验为中学教师、民办高校教师、企业职员等有关岗位，考取专职辅导员岗位的直接目的仅仅是进入高校工作。但这种职业认知并未影响他们在入职后激发浓厚的职业兴趣和积极的工作态度，接触学生之后，高校辅导员岗位带来新鲜感的同时也激发了他们的责任感，在6名男性辅导员中，其中一位是辞掉了原本事业单位编制的工作，进入这所省属高校成为人事代理辅导员，就是为了进入高校工作，接触学生后他每天把大量的时间都花在学校和学生身上，从早操到晚自习都一直陪着学生。高校辅导员入职后的工作态度不容否认，但同时也应清楚地认识到，他们的工作经验不足、工作能力有限，多数人没有系统的专业知识，未经历系统的岗位培训，在工作中很容易出现忙而不知关键的情况。但这些没有影响到他们具有较强的工作成就感，学生的成长变化带给高校辅导员很多积极正向的反馈，这也是激发他们不断成长和前进的动力所在。

二、发展成长期的理性规划与遗憾退场

案例描述：

张某，女，1984年出生，讲师，2008年起担任某校医学院辅导员工作。张某所在学校十分重视辅导员工作，近年来她也不断得到锻炼与提升，逐渐形成了一些颇具特色的工作品牌，比如，她把与学生的谈话方式转变成“来自唠吧的邀请”模式，伴随着音乐、咖啡，每周都会有一下午固定时间与学生谈心谈话。这几年，她也收获了许多奖项，比如全国高校辅导员职业能力大赛二等奖、省辅导员工作精品项目等等。目前，她刚刚调任学校新组建的一个学院的辅导员岗位，这一变动使她不得不调整原有的诸多工作模式，两个学院专业性质差异较大，她正一边探索新的教育管理模式，一边为自己评聘副教授岗位规划努力着。

与张某不同的是，田某在辅导员岗位上正顺风顺水时，却有了“情况突变”。田某，女，1985年出生，全国高校辅导员职业能力大赛一等奖获得者。在学校，她还开设了大学生心理健康教育、职业生涯规划和就业指导等三门课程，深受学生欢迎。她一共做了8年辅导员工作，曾挽救过1名有自杀倾向的学生，成功唤回3名陷入传销窝点的学生，引导无数心理危机学生，并帮他们完成了学业，成功就业。当媒体争相报道这位“80后最强大学辅导员”

时，她却突然辞去工作，不得不离开她所喜爱的工作岗位。原来，她结婚3年来，一直与丈夫两地分居，而丈夫的工作也难以调回她所在的城市，她也一直难以割舍这份工作，经过多方沟通与权衡，她还是不得不离开钟爱的辅导员工作岗位。

相比较而言，发展成长期的高校辅导员逐步建立了一定的职业信心，工作能力得到不断提升，工作胜任力得到增长，并且在职业心理方面也开始有了职业价值实现的满足感，处于职业生涯发展的“波峰”状态。总体而言，当前高校辅导员队伍处于这一阶段的比例较高，这也是各高校推进思想政治教育工作的重要保障。发展成长期的辅导员主要表现出以下特征：

一是工作目标明确。经过适应探索期的成长，高校辅导员对职业本身的认知更加成熟，也能够明确高校辅导员的工作目标是以学校育人工作为中心，对培养社会主义合格建设者和可靠接班人这一宏观目标能够很好地细化到各项工作中，能够把教育、管理、服务等各项工作统一于育人目标，能够很好地把握工作主线。正如案例中的田某，她能够围绕学校中心工作，通过课程的形式充分发挥辅导员的职责职能。二是工作模式成熟。适应探索期集中积累了工作经验后，辅导员在发展成长期逐步形成了一定的工作模式，并结合自身的专业特点、个性特征等将这种工作模式稳固成熟，为自己打造工作精品项目奠定基础。这一阶段辅导员的职业能力都得到提升，能够有效把握具体工作的关键所在，有效地开展工作；同时，发展成长期的辅导员在培训中收获的理论知识至关重要，部分辅导员在这一阶段也开始注重科研提升或攻读相关学位。三是工作成效突显。在较为成熟的工作模式下，发展成长期的辅导员在工作中也能够注重方式方法，有效引导学生成长成才，并逐步在工作领域内取得一定的成绩。案例中的两位都是全国高校辅导职业能力大赛获奖者，从学生层面也都有一定的积极反馈。

总之，这一阶段的高校辅导员职业认同度和工作积极性较高，自我认知、职业评价等较为客观合理，是职业生涯发展的黄金时期，一些工作能力强的高校辅导员也逐渐崭露头角，成为其他岗位选拔干部的后备力量，同时也为其职业生涯发展的中断埋下伏笔。值得提出的是，田某的离职看似个案，却也是发展成长期高校辅导员“转岗”的一种特殊形式。全国高校辅导员队伍不稳定，主要集中于发展成长期的高校辅导员转岗居多。据调查，高校辅导员年度人物中获奖年龄为35岁及以下的占66.2%；从工作年限来看，5年及以下的有19人，占26.7%，且近年来明显呈下降趋势①。笔者对2008—2014年全国高校辅导员年度人物共评选出的71人的转岗情况也进行了统计分析，共查到67人信息，其中退休4人，评选后工作岗位未变动的有19人，主要集中于近几年当选的年度人物；工作变动但还在学生工作岗位的有36人，其中15人到学校学生工作部门工作，21人在学院团委书记或党委副书记岗位；彻底调离学生工作岗位的有8人。如何使高校辅导员成为可长期从事、能终身从事且乐于从事的岗位，是各高校组织管理应重点思考的关键问题，也是高校辅导员队伍建设的一项重点任务。

三、高原倦怠期的激情退却与困惑迷茫

案例描述：

王某，男，2006年硕士毕业后到一家985高校从事辅导员工作。因为读研究生期间较早接触学生工作，工作之初对辅导员工作十分热爱。他当时认为自己赶上了好时候：中央“16号文件”出台、教育部配套政策跟进，学校也及时提出高校辅导员队伍职业化、专业化建设方案，3年内，他晋升正科，评上了讲师，担任了学院团委书记，学校其他部门干部和专业老师都羡慕他能“两条腿”走路。30岁之前，他对工作投入了大量精力，几乎从来没有正常下班，加班到晚上10点是很正常的事。看着自己所负责的班级学生们慢慢成长，他也很满足。但是随着年龄增长，身边那些和自己年龄相仿的专业教师都成了副教授、教授，无论是地位和收入都把他甩得越来越远，他开始怀疑自己当初的职业选择。尤其是随着学校高层领导变动频繁，原来支持学生工作和高校辅导员队伍建设的领导或调离或退休，对高校辅导员队伍建设的

① 李明忠．高校优秀辅导员的群体特征与职业发展：以2008—2014年全国高校辅导员年度人物为例．高等教育研究，2016（3）：68－79.

重视程度不断弱化。而且在“职业化建设”的口号下，他所在的学校规定工作不满一定年限不允许流动，高校辅导员长期不能和其他部门干部交流，而各学院党委副书记多由校直机关的干部下派，堵死了他在学院上升的空间。“我带过的学生很多都已经是副处级干部了。”他尴尬地说。对于他这个工作了10多年、已近40岁的“老人”来说，他自认为这是他的黄金年龄，却仍然和10年以前一样每天忙于查课、查寝室等事务性工作，这让他没有一点成就感，至于学校要求和学生打成一片，同桌吃、同舍睡，他更是已经没有这份心气和精力。妻子刚刚生完二胎，每天下班后家里的两个孩子也让他无闲暇静心做科研。当然，他对工作也有很多想法，但是都因实施起来有难度，使得他非常有挫败感。据他描述，现在大学生年龄和自己差距越来越大，他又没有太多精力去研究工作方法，科研方面这些年也没太多时间和精力去做，虽然和学生们还没有到无法沟通的地步，但是他很担心这样下去，不仅自己辅导员工作做不好，而且倦怠感越来越强，焦虑情绪会慢慢把自己吞噬掉。

需要明确的是，王某所表现出的激情退却与困惑迷茫典型特征是职业生涯发展过程中的正常现象。这种现象在高校辅导员中，尤其是工作6～8年的高校辅导员中较为常见，根本原因是这一发展阶段的辅导员或多或少都已经在发展成长期有所晋升，同时受家庭环境、组织氛围等多方面的影响动摇原本的职业信念，在亟须职业生涯“二次成长”时，这种“波谷”状态直接影响到辅导员的规划调整与自我反思，在工作中表现出缺乏信心、怀疑自我价值、缺乏激情、厌烦工作等，原有的工作压力未能转为动力，却导致了心理的压抑与不满，进而形成对工作的消极应对状态，陷入一种恶性循环的发展状态，带来强烈的负面影响。高原倦怠期出现激情退却与困惑迷茫主要有以下几方面的原因：第一，个人因素。受年龄、辅导员的职业理想、职业认知等多重因素的影响，高校辅导员职业生涯发展的内在动力缺失，就会直接进入职业生涯发展的“静止期”或“倒退期”。案例中的王某年龄已近40，对辅导员的职业认知与职业理想有所动摇，且日常事务性工作未能转化为其工作成效，导致他的内在动力不足。第二，家庭因素。工作6～8年的高校辅导员一般都已结婚生子，正处于“上有老、下有小”的人生发展阶段，家庭负担较重；同时，家庭成员对高校辅导员的支持情况也是高原倦怠期出现的重要影响因素。案例中的王某妻子刚生完二胎，两个孩子占据了他绝大多数业余时间，同时生活压力也明显加大，这也是导致他出现职业倦怠的外在因素。第三，组织因素。高校辅导员职业生涯发展受学校管理层面的影响较大，组织管理对辅导员职业发展路径的设计是否合理、培养方案是否科学，是影响高校辅导员职业生涯发展的关键因素，也是高校辅导员高原倦怠期出现的直接导火索。案例中王某所在单位领导的频繁变动对他们的职业化、专业化发展产生了一定的影响，直接造成他晋升通道的“天花板”出现，这也是他出现激情退却与困惑迷茫的根本原因。

高原倦怠期并非每个高校辅导员都会经历，但对于处于这一阶段的辅导员而言，也并非坏事，只有经历过这种激情退却与困惑迷茫的“波谷”状态，才能更好地自我反思与规划，进而调整、拓展自身的职业生涯发展路径。案例中的王某正处于高原倦怠的初期，尚未进入恶性循环状态，如何尽快摆脱这种状态是其首要任务。同时，依然需要强调，高原倦怠期带给高校辅导员的负面影响依然要受到重点关注，除了对自己的发展迷茫、工作投入不够、工作效率不高等直接表现外，还会波及生活、心理等各个方面。此阶段的高校辅导员要进行必要的自我反思与自我调适，明确目标，提升自我；同时组织管理也应通过营造氛围、关怀激励等多种方式，促进高校辅导员跨越职业生涯发展的高原倦怠期。

四、成熟稳固期的情怀回归与情理交融

案例描述：

曲某，男，1957年出生，教授、博士生导师。1982年留校工作成为一名辅导员，先后在分团委书记、党总支副书记、学生处处长、校党委副书记、省高校工委副书记等岗位任职。2013年7月，他主动辞去领导职务，成为一名辅导员。他感慨万千：“说千道万，需要有人来做，要愿意做，要会做，归

结点在真心实意地做。”他是这样说的，也是这样做的：新生刚入学，曲某就为他们一一建立了电子档案，并搜集学生们最关心的问题和他们的大学愿望；为尽快了解每一名学生，他开学之后每天请学生在食堂吃饭；每个学生生日，他会根据学生特点写下数百字的祝福和嘱托；端午、中秋等节日，他会给每个学生送上粽子、月饼等礼物；自己掏钱，给学生们买8 000多元的人生励志书籍……根据年轻人的喜好，他充分利用微信、短信、博客等方式与学生保持紧密联系，遇有热点问题，他及时跟学生沟通，引导学生正确看待。3年多来，他给学生发了200多万字的微信、短信，而学生发给他的也有数十万字，保持了良好的互动，形成了关于辅导员职业生涯的书稿《依然在路上》。出差对于曲老师来说，是到学生家进行家访的好机会，每次外出他都会抽出时间进行家访。同时，他非常注重科学研究，将科研中取得的成果运用到实际工作中。

蒲某，教授，博士，硕士研究生导师，主要从事大学生思想政治教育管理和研究工作，入选教育部思想政治教育中青年杰出人才支持计划，某高校学院党委副书记。20多年来，他一直将辅导员工作视为毕生奋斗的事业，成为国内深入研究辅导员工作的先行者。“在研究的状态下工作、在工作的基础上研究，走专业化道路”，在他内心一直坚信这样的工作理念。但作为一名工作在基层学院的辅导员，他需要在工作中不断观察思考，依托所申请的教育部研究项目，深入开展调查研究。在研究过程中，他发现导致学生学业受挫的原因是制约他们成长发展的关键，而自控力在其中至关重要，而且朋辈帮扶是学生最易接受、帮助他们转变最有效的办法。找准了病因，他便开始把研究成果应用到工作中，从大一开始，建立早自习制度；组建“一帮一”结对的形式，建立朋辈关系，使学业受挫学生获得提升。这些举措实施两年后，他所在学院的留级率从原来的10%下降到1%。他还注重让学生在关注现实问题的同时提升专业素养。无论是酷暑带领学生对10多个区县村镇开展居民用水和生活情况调查，还是在汶川地震后第一时间率领学生赶赴灾区开展服务和调研，抑或是在三峡水库蓄水后对农民收入与环境保护问题密切关注，都让他体会到辅导员这份工作带给他与学生共同成长的幸福感与满足感。在辅导员工作战线的20多年里，曾有房地产企业高薪聘请他，也曾有学校职能部门转岗的机会，但是他却始终执着于辅导员事业。在他身上，我们也看到，一名高校基层辅导员的专业化形象。

目前，由于多方因素的影响，全国范围内专家型的高校辅导员并不多见，但从上述两个典型个案中我们不难看出，实现专业化的发展，应具备高尚的情怀、专注的态度与科学的素养。无论是曲某，还是蒲某，都体现出成熟稳固期高校辅导员的职业人格魅力与学术修养。除此之外，处于成熟稳固期的高校辅导员具有坚实的基础、鲜明的特色，他们凝练了一批工作成果，具有较强的影响力和示范性，是学校辅导员队伍“金字塔”结构中的塔尖级人物。

成熟稳固期的高校辅导员有高尚的工作情怀。曲某做了一辈子大学生思想政治教育工作，他对这份工作的情怀体现为重返一线，以实际行动证明大爱；蒲某的工作情怀在于长期坚持在一线工作，不离不弃、坚守岗位的同时，不断提升自身的专业水平。成熟稳固期的高校辅导员有精深的专业素养。他们善于在工作中总结经验，在经验中探寻规律，在规律中升华理论，再用理论指导实践。同时也能够在现实中把握问题，在问题中分析特征，在特征分析中探索理论根源，在理论根源中找到问题解决方案。这种“工作-科研”型辅导员成长发展的逻辑思路，正是成熟稳固期辅导员和其他成长阶段辅导员的不同之处。究其根本原因，这一阶段的高校辅导员的职业认知和其他阶段有所不同——“辅导员工作不仅是一份职业，更是一门科学”。正是这样的职业认知，才能在实践中不断提升职业能力，完善职业人格，进而走入专家化职业生涯发展通道。

还应清楚地认识到，成熟稳固期的高校辅导员是在团队中成长起来的。曲某所在学校专门为其成立了辅导员工作室，蒲某也参与各个科研团队不断锻炼与提升。在团队中，无论是作为团队的带头人还是团队成员，这种基于“成长共同体”的发展平台充分发挥了不同成长阶段高校辅导员的协同作用，有助于学校形成梯次明晰的辅导员发展梯队。比如蒲某在科研团队中注重成员的后续发展，他组建团队申报课题，指导年轻辅导员提升科研素养，并顺利晋升职位。

案例中二人为高校辅导员职业生涯发展树立了榜样，起到了一定的示范作用。同时也为各地各高校进行辅导员职业生涯发展的组织管理提供了新的思路。主管部门要为高校辅导员营造积极的成长氛围，优化工作体制机制，把辅导员打造成可终身从事的工作岗位，同时还要注重形成梯次合理的辅导员“成长共同体”，充分发挥辅导员团队内部的协同成长作用，形成科学稳固的辅导员队伍结构。

五、组织管理过程的衔接误差与方向偏离

案例描述：

中央“16号文件”和教育部“24号令”下发后，大多数地区和高校针对辅导员队伍建设制定了政策和制度，加大了辅导员队伍专业化、职业化建设力度，但仍有部分地区和高校对辅导员队伍建设重视不够、投入不够、推动不够。某省在教育部“24号令”下发近十年内未设立专项高校辅导员编制，在编辅导员占用高校教师编制，学历层次达到了本科以上，部分是研究生学历。辅导员与学生的比为1∶224，不符合教育部要求。在落实高校辅导员相应职级、职数方面，省级层面没有出台相应实施措施，由各高校根据实际情况自行解决辅导员职级、职数问题。

在经费投入方面，各地的差异也十分显著。江苏等省分类建立专项，每年投入辅导员队伍建设经费200万元。湖北省省级财政每年列支1 200万元用于奖励高校优秀辅导员。但也有省份的经费保障不足，制约了高校辅导员队伍建设的整体进程。如某省共有普通高校58所、民办高校16所、全日制本专科在校生近60万人。在中央“16号文件”下发后的10年间，省财政共拨付给省级教育工作部门开展大学生思想政治教育工作的专项经费累计311.2万元，年均为31.1万元，生均思想政治教育经费约为0.5元。

高校在组织管理过程中同样有少数出现了方向上的偏离。某部属高校在编在岗的专职辅导员有150名（44名党组织副书记、66名事业编制一线专职辅导员、40名非事业编制一线专职辅导员），师生比为1∶319。2015年以来，该校一线专职辅导员流失较为严重，2015年流失18人，流失率为16.9%；2016年流失46人，流失率为43.4%。不少缺编院系长期无法在校内招聘到合适的辅导员，学生工作面临很大压力。据统计，有6个院系无一线专职辅导员，有3个院系师生比低于1∶800，有7个院系师生比低于1∶500，有20

个院系师生比低于1∶300；7个承担研究生培养任务的中心、附属医院均未配备专职辅导员。具有正高级职称0人，副高级职称4人，占比2.67%；具有中级职称43人，占比28.67%；初级或未评定职称103人，占比达68.67%。

组织管理是高校辅导员职业生涯发展的关键环节与重要组成部分，主要由教育主管部门和高校共同完成。从案例中我们不难看出，当前，少数地方在落实教育部有关政策文件的过程中有大打折扣的现象出现，甚至最基本的编制和师生比难以保障，有的地方在经费投入方面明显不足，这种政策落实过程中的衔接误差从根本上导致了高校辅导员职业生涯发展的不顺畅。在执行上级政策的过程中，有的地方直接转发文件、通知，或者制定本地相关制度，以文件形式传达指示，实践过程中并未落实，造成了有法不依的现象。

同时，少数高校在组织管理中也存在一定的问题。一些高校对大学生思想政治教育工作的认识还不到位，思想上仍然存在着"重智育、轻德育"的现象，还没有将大学生思想政治教育工作纳入学校事业发展的总体规划中，领导体制和工作机制不够健全和完善，运行机制还不够顺畅，职责不清、任务不明，工作中存在推诿、扯皮现象，上下联动、齐抓共管、全员育人的合力和氛围没有真正形成。对于辅导员队伍建设"说起来重要、干起来次要、忙起来不要"的现象还不同程度存在，不愿投入、舍不得投入或投入很少，没有设立专项工作经费，高校辅导员队伍建设的政策待遇不落实或落实得不好，队伍的培训培养、学习考察难以保证。在部分省份的很多省属高校，人员编制紧张是导致高校辅导员队伍数量配备不足的重要原因，同时，学校的重视程度和内部人事制度改革造成选聘困难也是其中一个原因。

此外，在对高校辅导员职业生涯发展的组织管理过程中，少数高校对辅导员队伍的职级晋升、职称评聘等相关政策措施落实不到位。

第二节 高校辅导员职业生涯发展的影响因素

高校辅导员职业生涯发展的影响因素是一个复杂的系统结构，既有高校辅导员自身的限制性、发展性等内在要素，也有来自政策环境中的政策、文化等外部要素。对这些要素进行系统化梳理和层次化分析，仅靠社会科学的研究方法和主观的评判只是粗略的描述，难以实现对诸多要素的深入分析，更无法量化这些因素的影响程度以及相互之间的关系，开展深入的研究需要在研究方法上进行突破，需要借助定性分析与定量分析相结合的方法进行科学化研究。结合高校辅导员职业生涯发展影响因素研究的实际情况，本部分主要是以系统论中系统要素间关系的相关理论观点为依据，而解释结构模型（interpretive structural modeling，ISM）作为系统结构模型化技术的一种，有着规范的研究方法，且简便实用，可有效地实现对高校辅导员职业生涯发展影响因素的层次化、条理化和系统化分析。

ISM 是美国华费尔特教授于 1973 年在分析复杂的社会经济系统有关问题的方法时开发的，属于一种定性分析与定量分析相结合的研究模型，主要用来分析系统中的复杂要素及其关联性。基本过程是利用人们的实践经验和基本判断，将复杂的系统解构为若干要素，并辅助计算机的运算功能，最终将系统重组建构为一个多级递阶的结构模型。ISM 是一种几何模型的研究工具，处于自然科学数学模型形式和社会科学文字逻辑分析形式之间，具体可以使用有向图、矩阵等方式描述、呈现复杂系统的已知关系，具体过程主要是通过对矩阵的运算得出结论，作为解释系统结构关系的依据。ISM 作为一种概念模型，其优点在于能够直观地表达模糊不清的思想，通过建立结构关系模型表达复杂关系，一般用于分析变量繁多、关系庞杂的系统结构。

具体到高校辅导员职业生涯发展影响因素的研究，就是要重点借助解决系统论相关问题的解释结构模型，运用数学建模的思想，分析高校辅导员职业生涯发展影响因素的层级结构及其相互之间的关系，从而对这一问题有一个整体性把握和层次性分析。ISM 的工作程序主要分为成立 ISM 工作小组，设定核心问题、选定影响核心问题的相关因素并确定因素间的关联性、建立代数矩阵并求解建立结构模型、根据结构模型最终建立 ISM。鉴于此，本部分研究内容也将主要从高校辅导员职业生涯发展影响因素及其内在关联、ISM 的建立、ISM 的分析三个方面具体展开。

一、高校辅导员职业生涯发展的影响因素及其内在关联

按照 ISM 建构法则，首先组建 ISM 工作小组，共有成员 20 人，主要包括：3 位高校辅导员研究领域的专家，5 位高校辅导员队伍建设的高校学工部领导，3 位辅导员培训与研修基地负责人，9 位不同高校、不同发展阶段的高校辅导员。相关研究工作的开展主要通过电话访谈调研来进行。成立 ISM 工作小组后，开始就“高校辅导员职业生涯发展的影响因素”这一核心问题展开调研，在参考文献综述中梳理出 30 个核心影响因素，结合调研结果，根据本研究的基本界定，经过与小组成员的反复沟通，再得出 48 个高校辅导员职业生涯发展影响因素，经过近义合并后，最终选定 18 个影响因素作为我们分析的重点（见表 3－1）。

表 3－1　高校辅导员职业生涯发展相关影响因素及其具体内容

编号	影响因素	具体内容
1	国家政策	国家出台的关于高校辅导员队伍建设的政策规定
2	地方政策	省市出台的关于高校辅导员队伍建设的政策规定
3	学校政策	高校出台的落实国家和地方政策的相关制度条例，尤其是对辅导员职业化、专业化发展的具体规定
4	社会环境	社会对高校辅导员队伍的价值导向、舆论倾向、网络媒体宣传导向等
5	学校环境	所在学校对辅导员工作的重视程度
6	家庭环境	父母家人对高校辅导员工作的理解与支持等
7	组织氛围	所在学校学工系统及所在学院的工作氛围等
8	晋升机会	在职称或职务方面的发展机会
9	工作年限	专职从事辅导员工作的时间
10	性别	辅导员性别的自然状况，男或女
11	学历	本科、硕士或博士学历
12	学科背景	思想政治教育及相关学科与其他学科
13	价值观念	高校辅导员自身对待外界事物的认知理解与价值评判，主要是对辅导员职业的价值判断

续表

编号	影响因素	具体内容
14	人格特质	高校辅导员个体的心理素质、道德品质和个性特征，主要是具体的人格特质在辅导员职业上的直观表现
15	职业能力	高校辅导员的专业知识和职业技能
16	职业兴趣	高校辅导员个体兴趣在自身职业方面的表现
17	职业认同	高校辅导员对自身职业的基本认知和肯定性评价
18	主观能动性	高校辅导员自觉地、有目的地、有计划地进行职业活动和职业生涯规划

确定这些影响因素后，我们重点结合高校辅导员职业生涯发展的实际状况开展反复讨论，根据ISM研究的技术路径，我们就这些影响因素的相互影响关系开展研讨，最终确定出如下二元关系图（见图3-1）：

	2	3	4	5	6	7	8	9	10	11	12	13	14	15	16	17	18
1	∨	∨	∨	∨	∨	–	–	–	–	–	–	–	–	–	∨	∨	∨
2		∨	∨	∨	∨	–	–	–	–	–	–	–	–	–	∨	∨	∨
3			–	+	∨	∨	∨	–	–	–	–	–	–	∨	∨	∨	∨
4				+	∨	∨	–	–	–	–	–	∨	–	–	∨	∨	∨
5					∨	∨	–	–	–	–	–	∨	–	∨	∨	∨	∨
6						–	–	–	–	–	–	∨	∨	–	∨	∨	∨
7							–	–	–	–	–	∨	∨	∨	∨	∨	∨
8								∧	∧	∧	–	∧	∧	∧	∧	∧	∧
9									–	–	–	–	–	–	–	–	–
10										–	–	–	–	–	–	–	–
11											∨	–	–	–	–	–	–
12												–	–	∨	∨	∨	∨
13													∨		∨	∨	∨
14														∨	∨	∨	+
15															+	–	–
16																+	∨
17																	∨

说明：1—18表示18个影响因素；
∨：上位因素对下位因素有影响；
∧：下位因素对上位因素有影响；
+：上下位因素相互影响；
–：上下位因素间无直接影响。

图3-1　高校辅导员职业生涯发展影响因素二元关系图

按照 ISM 的建模程序，下一步是建立邻接矩阵。矩阵由数字元素组成，且矩阵可以进行一定的数学运算。这里主要是根据 ISM 工作小组分析得出的高校辅导员职业生涯发展影响因素及其相互直接影响关系，建立一个相关影响因素的邻接矩阵 A，即把影响因素间的相互关系作为矩阵的元素，建成一个 18 阶方阵（见图 3－2）。邻接矩阵描述了高校辅导员职业生涯发展各影响因素两两之间的直接关系，矩阵中的“1”表示影响因素之间有直接的影响，“0”表示影响因素之间没有直接的影响。

$$
A=\begin{vmatrix}
1&0&0&0&0&0&0&0&0&0&0&0&0&0&0&0&0&0\\
1&1&0&0&0&0&0&0&0&0&0&0&0&0&0&0&0&0\\
1&1&1&1&1&0&0&0&0&0&0&0&0&0&0&0&0&0\\
1&1& &1&1&0&0&0&0&0&0&0&0&0&0&0&0&0\\
1&1&1&1&1&0&0&0&0&0&0&0&0&0&0&0&0&0\\
1&1&1&1&1&1&0&0&0&0&0&0&0&0&0&0&0&0\\
0&0&1&1&1&0&1&0&0&0&0&0&0&0&0&0&0&0\\
0&0&1&0&0&0&0&1&1&1&1&0&1&1&1&1&1&1\\
0&0&0&0&0&0&0&0&1&0&0&0&0&0&0&0&0&0\\
0&0&0&0&0&0&0&0&0&1&0&0&0&0&0&0&0&0\\
0&0&0&0&0&0&0&0&0&0&1&0&0&0&0&0&0&0\\
0&0&0&0&0&0&0&0&0&0&1&1&0&0&0&0&0&0\\
0&0&0&1&1&1&1&0&0&0&0&0&1&0&0&0&0&0\\
0&0&0&0&0&1&1&0&0&0&0&0&1&1&0&0&0&1\\
0&0&1&0&1&0&1&0&0&0&0&0&0&0&0&0&0&0\\
1&1&1&1&1&1&1&0&0&0&0&1&1&1&1&1&1&0\\
1&1&1&1&1&1&1&0&0&0&0&1&1&1&0&1&1&0\\
1&1&1&1&1&1&1&0&0&0&0&1&1&1&0&1&1&0
\end{vmatrix}
$$

图 3－2　高校辅导员职业生涯发展影响因素邻接矩阵

二、ISM 的建立

高校辅导员职业生涯发展影响因素一旦用数学语言和符号形象表达，就进入了量化研究的程序，而 ISM 的建立，还需要对这些数字化的公式做进一步运算，形成更加直观、简洁的表达形式。在上述邻接矩阵的基础上进行运算，可以生成可达矩阵。在此，我们将可达矩阵用字母 R 表示。可达矩阵 R 是指用矩阵形式来描述元素之间经过一定次数的影响关系后可以达到的程度。可达矩阵有一个重要特性，即推移律特性。当矩阵中的元素 a_i 经过长度为 1

的通路直接到达到 a_k，而 a_k 经过长度为 1 的通路直接到达 a_j，那么，a_i 经过长度为 2 的通路必可到达 a_j。通过推移律进行演算，将邻接矩阵 A 加上单位矩阵 I（矩阵中除主对角线上元素为 1，其余元素均为 0 的矩阵），然后用布尔代数运算法则（0+0=0，0+1=1，1+1=1；0×0=0，0×1=0，1×1=1）进行乘方运算，直到两个相邻幂次方的矩阵相等。相等的矩阵中幂次最低的矩阵即为可达矩阵。

可达矩阵 R 的元素 r_{ij} 为 1 代表要素 r_i 到 r_j 间存在可到达的路径，事实上，可达矩阵是对影响因素的直接和间接关系的完整呈现。计算得出本系统的可达矩阵 $R=(A+I)^3$。再按可达矩阵中元素为 1 的量的多少，由少到多将要素依次重新排序，得出各要素间的层级递阶矩阵。根据矩阵的元素合并运算规律，我们最终可得出的可达矩阵为 12 阶，如图 3-3 所示：

$$
R=\left|\begin{array}{cccccccccccc}
1&0&0&0&0&0&0&0&0&0&0&0\\
0&1&0&0&0&0&0&0&0&0&0&0\\
0&0&1&0&0&0&0&0&0&0&0&0\\
0&0&0&1&0&0&0&0&0&0&0&0\\
1&0&0&0&1&0&0&0&0&0&0&0\\
0&0&0&1&0&1&0&0&0&0&0&0\\
1&0&0&0&0&0&1&0&0&0&0&0\\
1&0&0&0&1&0&1&1&0&0&0&0\\
1&0&0&0&1&0&1&0&1&0&0&0\\
1&0&0&0&1&0&1&1&1&1&0&0\\
1&0&0&1&1&1&1&1&1&1&1&0\\
1&1&1&1&1&1&1&1&1&1&1&1
\end{array}\right|
\begin{array}{c}
1\\ 9\\ 10\\ 11\\ 2\\ 12\\ 3,\ 4,\ 5\\ 6\\ 7\\ 13\\ 14,\ 15,\ 16,\ 17,\ 18\\ 8
\end{array}
$$

图 3-3　高校辅导员职业生涯发展影响因素排序后可达矩阵

根据可达矩阵 R，我们可以对各因素进行级别分配。主要是通过矩阵运算求出各要素的可达集合 $P(N_i)$、先行集合 $Q(N_i)$，以及共同集合 $P(N_i)\cap Q(N_i)$（见表 3-2）。可达集合是指从高校辅导员职业生涯发展影响因素 N_i 出发可以到达的所有影响因素的集合，先行集合是指所有到达高校辅导员职业生涯发展影响因素 N_i 的要素的集合，可达集和先行集的交集就是共同集合。

表 3-2　高校辅导员职业生涯发展影响因素可达集、先行集、共同集

层级序号	可达集	先行集	共同集
一	1	1，9，10，11	1
二	2	2，12	2
三	3+4+5	3+4+5	3+4+5
四	6，7，11	6，7	6，7
五	8，12，13	8，13	8，13
六	9，10，14+15+16+17+18	14+15+16+17+18	14+15+16+17+18

根据级别分配结果，把这些影响因素之间的关系分为可达与不可达，把系统分为有关联的几个子部分，并根据影响因素之间的关系建立高校辅导员职业生涯发展影响因素的 ISM 图，直观反映要素间逐级有向的主要影响关系（见图 3-4）。

三、ISM 的分析

根据 ISM 建构法则，我们能够进一步明晰高校辅导员职业生涯发展的影响因素之间的关系，并能直观地建构出这些影响因素间的级别分配，得出高校辅导员职业生涯发展诸多影响因素的层级结构及具体的层级关系。可以说，借助 ISM 的建立，我们对高校辅导员职业生涯发展影响因素的关键规律有了更加科学、系统的把握，为我们更好地分析这些影响因素提供了科学依据。在前期模型建构的基础上，我们把高校辅导员职业生涯发展影响因素的 ISM 共分为三个层次，即把全体影响因素构成的系统结构划分为表象层、中间层、根源层三个层级，每个层级内部的影响因素归为一类，在层级内部相互影响，而层级之间的影响因素形成一定的链接，使得层级间相互关联。这些影响因素从不同层面发挥着自身的影响力，直接或间接地影响着高校辅导员职业生涯的发展。

（1）高校辅导员职业生涯发展影响因素的表象层。作为 ISM 的第一个层级，表象层中所涵盖的影响因素主要是高校辅导员职业生涯发展最直接、最表层的影响因素，可称为直接影响因素。在这一层级中，主要是晋升机会、

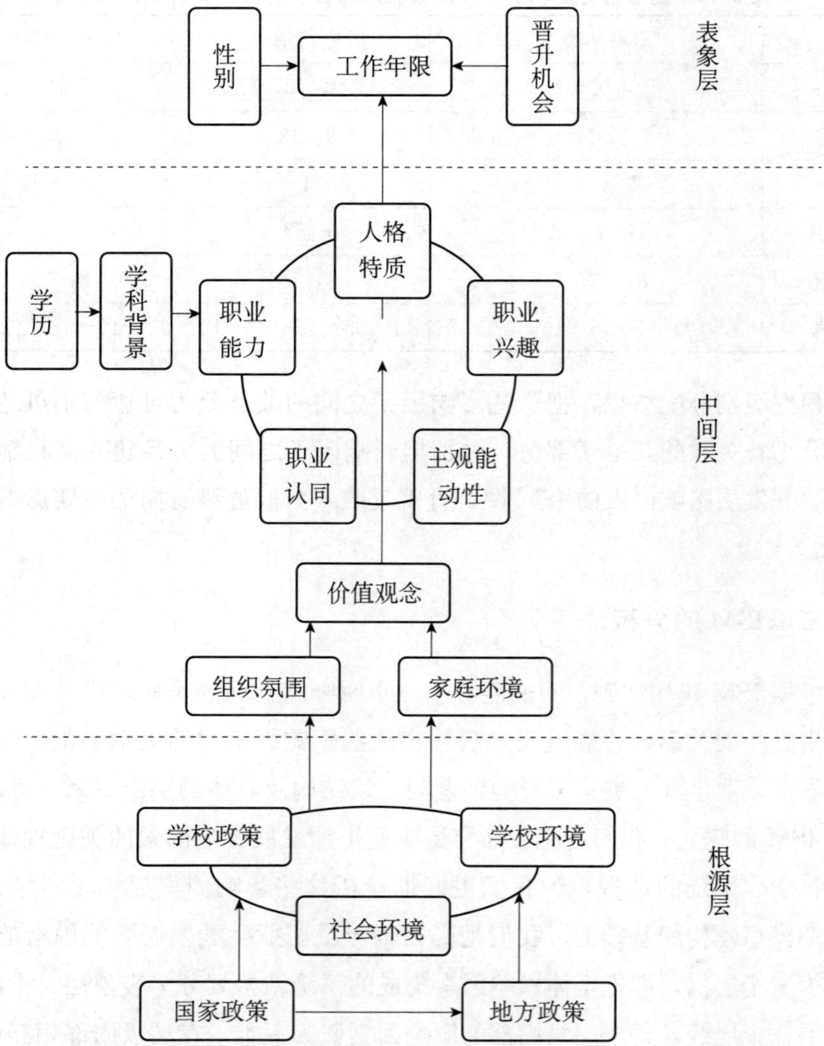

图 3-4　高校辅导员职业生涯发展影响因素 ISM 图

工作年限和性别。可以看到，这些影响因素都属于客观条件，也就是说，高校辅导员职业生涯发展的最直接影响因素都是客观因素，这是决定高校辅导员职业生涯发展的直接条件。其中，性别和工作年限作为不可改变的客观条件，共同作用于晋升机会这一最直接的影响因素，也是获取晋升机会的必要条件。在此，重点对晋升机会做阐述。作为高校辅导员职业生涯发展的绝对直接影响因素，晋升机会看似由外部条件和制度控制，却同时受到高校辅导员自身主观条件的影响。也就是说，晋升机会直接影响高校辅导员职业生涯发展，但同时也对其他影响因素起到了必要和充分的传递作用，即其他因素对高校辅导员职业生涯发展的影响必须经过晋升机会这一通道才能产生作用，这里的其他因素主要是处于中间层的主观条件的影响因素。此外，还需强调的是，表象层的影响因素并不会对其他层级的影响因素产生作用，只能受其他层级影响因素的影响，把影响作用推至高校辅导员职业生涯发展。可以说，表象层影响因素是高校辅导员职业生涯发展影响因素中最为直接、最易把握的一个层级，但同时作为客观影响因素的存在，也是最难直接改变的影响因素。

（2）高校辅导员职业生涯发展影响因素的中间层。顾名思义，中间层是高校辅导员职业生涯发展影响因素三个层级中的第二层级。这一层级所包含的影响因素最多，模型建构过程中我们将诸多要素都归类为中间层，主要分为三大类：一是高校辅导员的主观因素，主要有其自身的价值观念、职业认同、职业能力、人格特质、职业兴趣，以及主观能动性；二是高校辅导员的学历以及学科背景；三是组织氛围和家庭环境两个较为微观的环境因素。这些影响因素并不能对高校辅导员职业生涯发展产生直接的影响，我们也将中间层的影响因素称为间接影响因素。在模型建构中我们发现，高校辅导员的职业认同、职业能力、人格特质、职业兴趣、主观能动性等因素形成了一个相互影响的闭环，这个闭环主要是高校辅导员个体对职业生涯的基本认知以及个体的职业活动核心要素，它们构成了一个相互影响的小系统，同时这一小系统又受到价值观念的直接影响。这些主观因素是中间层的核心，也是高校辅导员职业生涯发展影响因素的核心，它们决定了高校辅导员职业生涯发展的高度。影响这些主观因素的相关影响因素又来源于两方面：一是高校辅导员的学科背景，这一因素受学历的影响，同时决定着高校辅导员职业能力尤其是专业知识结构，具有思想政治教育、教育学、管理学、心理学等相关学科背景的辅导员在专业知识方面有一定优势，但这一条件并非决定性因素，仅仅是对高校辅导员的职业能力产生一定的影响。二是高校辅导员所处的组织氛围和家庭环境，这两项环境因素和根源层的制度环境有所区别，源于这是高校辅导员工作和生活的直接环境，是高校辅导员每天都必须在其中深受影响的“文化系统”，因此将它们归类为中间层因素。组织氛围是高校辅导员所在学工系统和学生工作办公室的环境，这里的人际关系、组织文化和家庭环境共同作用于高校辅导员个体的价值观念，是外部客观因素进入高校辅导员主观因素的重要环节。从 ISM 中我们不难看出，中间层的环境因素和学科背景共同作用于主观因素，形成了紧密关联的统一整体，进而影响到表象层中晋升机会这一因素。与此同时，中间层还受到根源层的影响，也就是说中间层的影响因素通过表象层的晋升机会对高校辅导员职业生涯发展产生间接影响，同时它也是传递根源层各个因素影响力的“夹心层”。具体分析影响高校辅导员职业生涯发展的影响因素时，要对这一层级的内容进行准确把握和科学定位，充分了解中间层的影响因素既受影响又产生影响的这一显著特点，畅通有利影响因素的晋级通道，尽量避免处于中间层的相关通道发生“拥堵”或“缺失”。

（3）高校辅导员职业生涯发展影响因素的根源层。第三个层级是根源层，这一层级的影响因素都是影响高校辅导员职业生涯发展最宏观、最深层次的影响因素。这些因素并不会直接影响高校辅导员职业生涯的发展，而是通过对其他层级的元素产生影响后，影响到高校辅导员职业生涯发展的进程。与表象层恰恰相反，根源层的因素不会受到其他层级的影响，其中涵盖的因素都是高校辅导员职业生涯发展最根本的影响因素。在模型中可以看到，这一层级的因素主要由社会环境、学校环境等环境因素和国家政策、地方政策、学校政策等政策因素构成，其中社会环境、学校政策和学校环境构成一个闭环，学校环境分别与社会环境、学校政策相互影响，处于这一层级的核心位置，并受到国家政策和地方政策的影响，其中国家政策处于最根源的影响地位。这种由政策的传递性和环境的作用引发的影响因素，是其他因素产生影响的根源。事实上，政策因素决定了高校辅导员职业生涯发展的走向，而环境因素决定了高校辅导员能否将职业生涯发展至正轨。我们不难看出，国家政策作为高校辅导员职业生涯发展的最深层、最根源的影响因素，是一切影响因素的核心。作为一个政策性极强的职业，这是高校辅导员职业生涯发展的必然路径，即高校辅导员职业生涯发展的政策导向性。

从常规的分析路径出发，同样可以对高校辅导员职业生涯发展的影响因素进行系统化分析与建构。不难看出，经过充分挖掘与论证的影响因素总体上可以分为三类：主观、客观与环境，即高校辅导员个体主观层面对职业生涯发展的认识及规划行为，从国家到高校各级组织对高校辅导员职业生涯发展的政策管理，影响高校辅导员职业的社会环境及影响高校辅导员个体的组织氛围与家庭环境等。三类影响因素相互作用，形成了一个整体性的系统（见图 3－5）。其中，主观因素与客观因素相互影响，客观因素决定了主观因素的作用方向，主观因素又在不同程度上反作用于客观因素的影响力发挥，主客观因素共同存在于环境中，并借助环境的传递作用产生积极或消极的影响。与其他群体的职业生涯发展不同，高校辅导员职业本身就有极强的政策导向，其职业生涯发展的方向、路径也受到制度的制约，这也是在研究影响因素时把客观的组织管理因素与主观的个体因素结合起来讨论的重要原因。

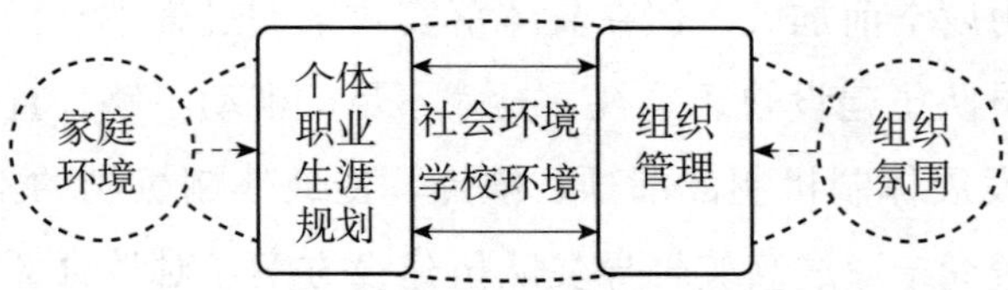

图 3－5　高校辅导员职业生涯发展影响因素系统结构图

第三节　高校辅导员职业生涯发展的主要瓶颈

在理论研究的视角，高校辅导员职业生涯发展并不能被称为研究的热点领域，同时，我们在实证研究中也同样发现，高校辅导员职业生涯发展还面临着诸多工作实践中的矛盾问题。对于一个理论研究尚不成熟、现实境遇矛盾突出的命题，抓准其核心问题是关键所在。因此，应在实证调研和影响因素分析的基础上，重点摸排高校辅导员职业生涯发展的突出矛盾，并进行深刻的理论透视与层次分析，为提出更具针对性、实效性的实践方案奠定基础。

一、高校辅导员职业生涯发展体制机制不健全

在《辞海》中，体制与机制是作为两个词分别解释的，从范畴上分析，体制的概念大于机制。一般而言，体制是体系、制度、方法等方面内容的总称；机制则是指事物内在的工作方式与运行原理，包括事物组成元素的相互关联以及各种变化的相互联系。在这里，笔者把体制机制统合为一个词，意指对某种事物的组织管理形态、政策制度以及该事物的运行体系。高校辅导员职业生涯发展的体制机制就是指负责高校辅导员队伍建设的各教育主管部门开展工作的实施方略、政策制度及其落实，促进高校辅导员职业生涯发展的平台建设及运行等多方面的总称。当前，高校辅导员职业生涯发展管理体制机制的不健全，主要体现在以下三个方面：

一是政策落实不到位，还须进一步督查。2004 年“16 号文件”下发以来，教育部、各地各高校都针对辅导员队伍建设制定了各项政策和制度，辅导员队伍建设力度空前加大。但在具体落实政策的过程中，仍有部分地区以及高校对辅导员队伍建设缺乏重视、投入不足、推动不够，直接导致高校辅导员职业生涯发展体制机制的漏项、缺点，造成体制机制的不顺畅。首先，部分省市和高校尚未形成高校辅导员队伍建设方案，对教育部明确规定的文件内容不执行、不落实，部分高校在辅导员数量配备上未达 1∶200 的标准，有的甚至远低于此标准；部分地区和高校在辅导员选聘时给予“身份歧视”，不纳入正式教职工编制，而是纳入人事代理或合同工范畴，导致相当一部分辅导员是“非正规军”，一定程度上影响了辅导员工作的主动性、积极性。部分地区和高校选聘辅导员时标准不明，致使少数学历不高、政治觉悟不强的人员进入辅导员队伍，从而影响整体工作开展。其次，部分地区和高校对辅导员队伍建设的政策落实尚不到位，部分省市和高校虽制定了辅导员“双重身份、双线晋升”的政策制度，但却因为人员编制、干部职数等各方面的原因，上级下达的各项政策难以真正落到实处，在辅导员职务和职称晋升、工作评价等考核上忽视辅导员工作岗位的特殊性，简单参照其他系统教职员工，甚至参照专

业课老师的科研、论文数量，针对性、实效性不强，导致政策“空转”。

二是培训培养未成体系，针对性、实效性不强。高校辅导员职业生涯发展重在培训培养，国家近年来也对高校辅导员培训培养高度重视，但同时依然还有一些现实问题未得到很好的解决。虽然教育部和各地各高校均在积极加大辅导员队伍的培训力度，但一些省市和高校辅导员培训专项经费投入不足，部分省属院校平均到每位辅导员的培训机会不多。近年来，教育部每年分配的辅导员培训名额也更倾向于部属院校，地方院校促进辅导员成长与发展的资源与平台相对缺乏，多方合力培训培养辅导员、促进辅导员发展的良性机制还在形成过程中，辅导员校外培训、学习和交流的机会少，视野、思路不够开阔，限制了其工作水平和创新能力的有效提高。目前，辅导员持证上岗、定期培训、挂职锻炼等制度尚未完全建立。辅导员培训在课程设置、教材选用、师资储备、考核管理等方面还不够规范。思想政治教育学科对辅导员工作的支撑力度不够。高校辅导员在职攻读思想政治教育及相关专业学位计划实施以来，已经招收了近千名辅导员，但在博士生的培养上，有的单位还未完全明确培养方案，对辅导员博士的课程设置未专门化安排，一些培养单位将辅导员博士与思想政治教育专业其他博士一并要求，有的在研究方向上脱离了大学生思想政治教育理论与实践这一总体方向。此外，当前各地各高校辅导员培训培养的差异性较大，西部地区一些高校仍需进一步加大培训培养力度，部分省属院校、民办高校、高职高专等不同类型院校的辅导员分层分类的体系尚未建立。

三是职业发展路径不畅，专业化建设有待提升。目前，尽管高校辅导员队伍职业化、专业化建设已经成为一种共识，从教育部到高校都在努力畅通辅导员的职业发展路径，但在具体实施的过程中，依然存在职业发展路径不畅、专业化建设程度不高的问题。虽然《职业能力标准》已发布，但辅导员队伍的职业准入、工作评价、能力素质、成长发展等方面的专业标准体系还未建立健全，使得辅导员在具体工作中定位不明、职责不清、专职不专，事务性的工作压力较大。少数辅导员专业意识不强、职业认同度不高，陷入“万金油”“保姆式”工作状态。在考核方面，不同高校的考核方式差异悬殊，尚未确立具有权威性和指导意义的辅导员工作考核指标体系，且可操作性不足，这些制约了辅导员专业水平和职业素养的提升。部分高校对辅导员的职称评聘、职务晋升等尚未明确双线晋升、双向发展的职业发展路径，职业发展通道有待打通；有的高校仅仅把辅导员队伍当作机关干部选拔的“摇篮”，将辅导员职业发展通道引入学校机关的行政序列，对辅导员职业发展的专业化路径造成破坏，使辅导员队伍的稳定性难以保证。在科研方面，辅导员的科研平台还比较少，各地各高校给予辅导员的课题支持力度还不够，研究经费不足，权威和核心的杂志期刊也不多，辅导员的研究论文很难找到合适的发表平台。还有一些高校虽然鼓励辅导员做科研，但指导不力，造成科研方向不明晰、科研成果理论水平不足或实践意义不强，直接影响了辅导员队伍的科研水平。

二、高校辅导员职业生涯发展个体内在动力不足

从高校辅导员自身来看，其职业生涯发展的内在动力是至关重要的核心因素，内在动力不足会直接导致职业生涯发展的停滞甚至倒退。当前，在整体政策环境向好的大背景下，部分辅导员依然存在内生动力有待进一步提升的问题，具体呈现为职业情感的不稳定。

职业情感是职业心理活动的一种形式，指在职业活动中产生的心境状况。职业心理学认为，人们的职业情感受阶级地位和职业活动特点制约[①]。职业情感作为一种简单化的主观体验，是一种外在化的情绪体验和内省化的心情心境，本身就具有易激发、易消退的不稳定性，高校辅导员的职业情感也是如此，随着工作时间的增长而上下波动，这种职业情感的不稳定性直接影响了高校辅导员职业生涯发展。高校辅导员的职业情感可以从职业认同感、职业荣誉感和职业敬业感三方面理解。尽管职业认同感属于职业情感的基础性、低层次内容，但就高校辅导员这一职业群体而言，其职业认同感在入职之初

① 魏英敏，赵春福，江汀生．中国伦理学百科全书：职业伦理学卷．长春：吉林人民出版社，1993.

较强，反而工作时间越长，这一基层性的工作岗位繁杂的事务性工作使得辅导员对自身职业有重新的认识和定位，职业认同感也随之降低。职业认同感随着职业生涯发展的由高至低，也使得高校辅导员的职业情感由积极逐渐走向消极状态。职业荣誉感是职业情感的核心要素，受到外部环境和自身体验的双重影响，但高校辅导员在职业活动中职业荣誉感的形成需要自身工作价值得以体现时才会建立，作为一名思想政治工作者，本身大学生的成长成才就需要一定的周期，这种无形的工作范畴和不及时的价值反馈很容易使高校辅导员的职业荣誉感不强。职业荣誉感在低水平的游离状态时，高校辅导员就很难建立起高水平的职业情感。职业敬业感是职业情感的高级状况，它是"源自人性深处的一种渴望，本质上是对自己生活与生命的自重自爱。这是最高层次上的职业情感，只有处于这种情感支配下的个体，才能时刻保持昂扬的精神状态，才能最大程度地发挥个体潜能，使自己的职业生涯更加完善"①。高校辅导员职业敬业感的形成，需要长期的工作实践和极大的积极反馈才能完成，且需要在良好的职业认同感和职业荣誉感的基础上建立，但随着职业生涯的发展，高校辅导员在职业认同感开始消退的同时伴随着职业荣誉感不强的状态，其职业敬业感也很难及时建立。也就是说，高校辅导员的职业情感难以稳定，直接导致他们对职业生涯发展的内在动力不足。

需要重点强调的是，不稳定的职业情感进一步发展就会产生消极的职业情感，进而产生负面消极的职业行为。具体体现在，高校辅导员更加重视自身的利益，把工作岗位仅仅作为一种谋生手段，缺乏积极的态度、向上的动力和职业责任感。这种消极的职业情感使高校辅导员个体与自身的工作产生某种程度的背离，进而对所处的职业环境产生影响，影响其他辅导员的情感情绪，进而影响自身的职业生涯发展。因此，在实际工作中，如何培养高校辅导员积极的职业情感，让其对自身职业产生正面认同，提升职业责任感，以积极的状态投入职业活动，更好地发展自身的职业生涯是一个重点课题。

---

① 尚勇．试论职业情感的科学界定．理论观察，2007（1）：153－154.

三、高校辅导员职业生涯发展人文环境有待优化

人文环境是指人类社会的文化环境，从形态上可以分为有形和无形两种。前者的有形文化环境是指含有特定的思想内容、价值观念的社会物质产品；后者的无形文化环境是社会精神形态，如政治思想、宗教信仰、道德伦理、价值观念、风俗时尚等，表现在人们的行为模式和公共秩序之中①。人文环境是隐性教育的重要工具与载体，对人们的行为具有耳濡目染、潜移默化的重要作用，同时，它也是对当今社会的文明程度进行表征、极大程度对社会氛围进行渲染的重要标志。笔者研究的高校辅导员职业生涯发展人文环境指的是后者，主要指社会系统内对高校辅导员这一职业群体无形的社会态度、社会观念及认知环境等。作为存在于社会本体中隐藏的无形环境，高校辅导员职业生涯发展的人文环境潜移默化地对这一职业群体产生着重要的影响。

当前，高校辅导员职业生涯发展有着良好的政策环境，但其人文环境却还有待进一步优化。主要表现出如下几种有偏见的观点：一是有人质疑高校辅导员职业群体存在的必要性。主要理由是国外高校并没有这一群体，从根源上否定了大学思想政治教育工作存在的必要性，进而否定了高校辅导员这一职业群体存在的合理性。二是有人对高校辅导员职业生涯发展持怀疑态度。他们认为高校辅导员把学生日常管理工作做好即可，不用对自身的职业生涯发展进行规划，尤其是职业化、专业化的发展方向不适合高校辅导员这一事务性的工作群体。有人认为高校辅导员的社会分工就是做管理服务工作，这种工作属于低水平重复，高校辅导员个人的能力有限，所以认为这个群体搞不好职业生涯发展。还有一部分人把高校辅导员和教辅、行政人员归为一类，否定高校辅导员的教师身份，认为辅导员做好行政晋升就可以了，不需要在专业上有所发展，尤其对辅导员的科研水平提升持怀疑的态度，认为高校辅导员的专业化发展属于不务正业、耽误主业，否定辅导员的专业化发展方向。

---

① 袁世全．公共关系辞典．上海：汉语大词典出版社，2003：35.

三是高校辅导员队伍中存在个别的思想觉悟不高、业务水平有限、工作纪律不严、师德风范缺失的人员，极大地影响了辅导员队伍的整体声誉，对高校辅导员队伍的整体形象造成了一定的负面影响，致使外界对高校辅导员这一职业的认知和评价褒贬不一、有失公允。此外，包括辅导员身边的家人亲友在内的一部分人对高校辅导员职业的认识不全面，认为辅导员工作只是在做“5＋2”“白加黑”的事务性工作，对其育人价值没有进行充分的肯定，并简单地把辅导员职业与其他行政人员、专业课教师等进行主观对比，在某种程度上贬低了高校辅导员的职业价值。这些外部评价所形成的人文环境对高校辅导员队伍建设合力的形成起到了阻碍作用，这些人文环境影响到高校辅导员自身积极健康的价值观念、职业情感的形成，对高校辅导员职业生涯发展产生一定的负面影响，也是影响高校辅导员职业生涯发展的重要外因。

当然，人文环境的形成是一项长期的系统工程，当前面临的突出问题也是长期积累的结果，其优化也需要一定的长期规划和系统推进方可实现。同时，人文环境又作为一种无形的力量对高校辅导员职业生涯发展产生影响，如何通过有形的政策制度和举措，建立起一定的长效机制，改变这种无形的观念，是促进高校辅导员职业生涯发展的关键，也是高校辅导员职业生涯发展组织管理工作的主要方向。

第四章

高校辅导员职业生涯发展的突破路径

当前，高校辅导员职业生涯发展既面临有利机遇，又遭遇严峻挑战。把握高校辅导员的职业特性，结合高校辅导员职业生涯发展的现实状况与困境找准方向，探寻其职业生涯发展的突破口，无论对高校辅导员个人，还是高校辅导员队伍建设的发展，都是当务之急。作为实践层面的建构与突破，本部分研究的首要任务是对高校辅导员的角色定位、主体性、终身制等问题进行探讨。在此基础上，建构高校辅导员职业路径发展的理想模式，并根据其职业生涯发展周期，探寻突破传统路径的理论根源与实践路径。

第一节　高校辅导员职业生涯发展突破路径探究的前提思考

在此，笔者选定三个核心点位对高校辅导员职业生涯发展路径的突破做一理论反思：一是高校辅导员角色定位在职业发展的视域下应如何理解，二是高校辅导员作为可终身从事职业的合法性与合理性审视，三是主体性对高校辅导员职业生涯发展的理论遵循。这三个问题是研究高校辅导员职业生涯发展路径突破与建构的关键，也是廓清相关理论框架的必要基础。

一、职业发展视域下高校辅导员角色定位的辨析

“角色”是源于戏剧的专有术语，指的是剧中演员所扮演的人物。20 世纪 20 年代，美国社会心理学家 G. H. 米德（George Herbert Mead）首次将这一概念引入社会学研究领域，将社会比作一个现实生活的大舞台，将具有不同身份和地位的人比作他在社会舞台中所扮演的角色，以此来说明不同的人在类似情境中表现出类似行为的现象。经过半个多世纪的探索，这一研究已经发展为系统的社会角色理论，并广泛应用于教育学、政治学、历史学等研究领域。角色定位是一个管理学范畴的概念，笔者所研究的高校辅导员的角色定位主要是指辅导员进行职业活动的实践过程中，因自身的工作性质、职责而必须承担的相对不可替代的定位，是社会对辅导员群体的角色期待和辅导员对自我的要求。角色定位是高校辅导员规范自己思想、职业行为的一种理

性存在，是辅导员职业活动的基本遵循。在辅导员实践活动与理论研究中，其角色定位通过具体的行为而外显，一般情况下多通过其职业功能的发挥而直接体现，通过其工作方式而具体表现，通过其内在素质的外显过程而逐步显现。在职业发展的研究视域下，高校辅导员传统角色与新型角色具有一定的承接互动关系，把握新时期高校辅导员的角色定位，也是研究高校辅导员职业生涯发展路径突破的基本前提，重点从辅导员的职业功能、工作模式和素质要求三方面来实现。

第一，从高校辅导员的职业功能角度，高校辅导员既是灌输者又是引导者。辅导员作为灌输者，主要是使用说教的方式开展思想政治教育工作，其职业功能的实现，多数通过"我说你听""我打你通"的方式实现，在此过程中，高校辅导员承担的是说教者与灌输者的角色。在高校辅导员职业生涯发展过程中，灌输是一种重要的工作方法，但仅靠灌输并不能促进思想政治教育功能的最佳实现。辅导员是大学生的人生导师和知心朋友，透视高校辅导员的角色定位需要关注其主体地位，但同时也要考虑到，高校辅导员的主体性发挥必须以承认大学生的主体地位为基本前提条件，高校辅导员的角色定位也需要在尊重大学生的主体地位的前提下进行。因此，大学生是主体，高校辅导员是主导，在开展思想政治教育工作的过程中，高校辅导员需要在引导学生价值观念、生活方式、成长成才过程中处于主导地位，在实现职业功能的过程中，高校辅导员发挥着大学生的"人生导师"这一重要角色，既是灌输者，又是引导者。

第二，从高校辅导员的工作模式角度，高校辅导员既是信息传递者又是对话交流者。作为思想政治教育工作者，高校辅导员面临教育和管理两大工作内容。现实工作中，部分辅导员陷入以管理为主的工作模式，这也决定了高校辅导员的工作方法一般表现为：信息传递的单向传导，负责下发各种通知文件，学生处于其管束与控制之中。这种状态不仅影响到思想政治教育工作的效果，同时也制约了高校辅导员职业生涯的发展。在工作实践过程中，除传递信息之外，高校辅导员应充分尊重学生的主体地位，建构起一种辅导员与大学生二者是交互作用的主体地位关系，这样也就把辅导员的工作模式从"单向传导”转向“双向交流”，此时的高校辅导员承担的更多是对话交流者的角色，“要面向学生精神发展的未来，通过师生互动共同建构学生精神生命”[①]。辅导员与大学生建立起的互动关系具有平等的、潜移默化的和贴近生活的特点，在这一关系结构中，辅导员是双方关系的主导，大学生是双方关系的中心，辅导员与大学生的“双主体”并不相互对立矛盾，而是平等的相互交流、沟通、理解的双主体，辅导员角色就是与大学生对话交流的“知心朋友”。

第三，从高校辅导员的素质要求角度，高校辅导员既是复制积累者又是转化创新者。很多人将高校辅导员工作视为简单的管理岗位，认为其对个人素质要求较低，因此导致其在工作期间凭借自身已有的简单经验或现有的条框文件照本宣科、简单仿制，缺乏具有针对性、实效性的有效教育引导。从主体性角度进行反思，这种工作状态下高校辅导员的主体性没有得到很好的发挥，仅靠垒砌自身经验而缺乏对经验的总结反思。新时期，辅导员队伍职业化、专业化建设已成为整体发展趋势，这就要求高校辅导员不仅需要做好教育管理工作，也需要不断提高个人素质。辅导员所接收的文件指令需要在自己消化理解之后再传达给学生；在深化高等教育改革的大环境中，高校辅导员同样享有丰富的教育资源，应当充分挖掘和利用；同样的教育内容，不同专业、年级的学生需有不同的实施方案，需依据实际情况开展因材施教、因人而异的教育活动，在此教育过程中，高校辅导员要进行必要的宏观把握和微观调控。总的来说，高校辅导员的组织协调能力是一项基础本领，而转化创新能力是辅导员队伍做好思想政治教育工作的关键，高校辅导员的工作犹如原材料和成品中间的制造工序，大学生所接受的原材料丰富有效与否，其中间的转化与创新的环节必不可少。

二、高校辅导员成为可终身从事职业的时代审视

随着高校辅导员队伍职业化、专业化进程的不断推进，这一职业的“可

---

① 李忠军．关于高校辅导员本质的几点探讨．东北师大学报（哲学社会科学版），2010（6）：164－168.

终身从事性”成为一个热点，很多学者提出鼓励高校辅导员终身从事该项工作。事实上，这支队伍的稳定性依然不高，与高度的期待相对应的，是高校辅导员并不热衷或难以终身从事该职业的态度和行为。站在新的历史时期，如何审视高校辅导员职业的可终身从事性？需要不需要、能够不能够以及如何终身从事这样一份职业？这是研究高校辅导员职业生涯发展路径突破难以避开的关键问题。

首先，新形势下需要一支终身从事大学生思想政治教育工作的队伍。近年来，国际政治经济局势突变，当今中国处于一个大调整、大变化的重要时期，大学生群体面临着西方文化思潮和价值观的不断冲击，怎样认清大学生思想意识在全球化形势下的发展趋势？如何在复杂的国内外局势中有效引导大学生坚持社会主义意识形态的主导地位？这些都是亟须重视和破解的工作难题，同时也要求高校辅导员队伍必须适应国际国内形势的发展需求，在理论知识、专业素养、职业能力等方面提升自己的工作科学化水平，不断调整知识和能力结构，注重吸收工作中所需要的社会学、心理学、管理学等相关学科的理论知识和实践方法，不断推动理论研究和实践创新相互促进，依靠“专业导师”的身份具体开展大学生思想政治教育工作。拥有一支专家型的辅导员工作队伍是确保新形势下大学生成长成才的重要保障，也是大学生思想政治教育工作质量提升的根本。但是，专业导师的成长需要一个过程，需要经历一个从职业新手到工作能手再到专家骨干的过程，这是一个较为漫长的成长周期，需要高校辅导员长期在一线与学生的互动并共同成长，他们不仅要在大学生成长成才过程中扮演着引路人的角色，更要不断提升自身的素质，完善知识结构，实现自身的全面发展。这种在实践中成长的过程具有不可替代性，不仅需要丰富的实践经验，更要有扎实的理论基础，还需要有融汇理论与实践相互转化的能力，这就要求专家型高校辅导员的成长必须是终身的，既不能中途转换至思想政治教育工作范畴之外，也不能由其他领域专家直接转入成为高校辅导员工作的专家。因此，高校辅导员需要成为一项终身从事的职业。

其次，高校辅导员职业存在于可终身从事的时代政策背景中。政治政策更带有根本性、全局性、稳定性和长期性。当前，高校辅导员职业生涯发展面临着空前良好的政策环境，尤其是教育部“24号令”下发以来，高校辅导员队伍走上了职业化建设与专业化发展的快车道，为高校辅导员队伍的终身发展创造了积极的政策环境。尤其是2014年《职业能力标准》印发，更是为高校辅导员终身发展路径提供了直接的政策依据。可以看出，在研究制定《职业能力标准》时，从辅导员最关心、同辅导员自身利益和成长发展联系最密切的问题入手，努力研究建立既体现科学理念、科学精神，又务实管用的《职业能力标准》发展指标，标准颁布后，对校内外资源的整合起到了积极的推动作用，并在不同层面联动互促，形成政府重视、学校协调、社会配合的新局面，为各地各高校创设辅导员终身发展的通道提供了根本遵循和充分的政策保障，对推动政府、学校和相关部门制定实施辅导员队伍的准入、培养、管理机制是重要的政策导向，为引导高校辅导员在更加广阔的领域实现自我成长与终身发展营造了积极的氛围。在这一政策背景下，不难看出，高校辅导员的终身发展是基于国家需要的现实取向，也是高校辅导员队伍建设总体框架的必然走向。从这种意义上说，高校辅导员能够成为一项终身从事的职业。

最后，高校辅导员作为终身从事职业的目标指向还须进一步明晰。任何职业形成终身从事体系都非一朝一夕可完成，更何况高校辅导员这一职业的历史并不长，且具有鲜明的政策导向性。尽管当前高校辅导员成为终身从事的职业有着良好的时代背景和迫切的现实需求，且也有高校已基本形成高校辅导员长效培育机制，并有一批立志终身从事这一职业的高校辅导员在努力坚守，但总体而言，高校辅导员作为一项可终身从事的职业还未受到包括辅导员队伍在内各类人群的普遍认同，与教师、医生等行业相比，社会对其认可度还不够高，高校辅导员终身从事的实践框架也未形成。一个职业的可终身从事性，取决于其职业生涯发展的高度，即职业路径的终极指向。当前，多数高校的辅导员职业生涯发展路径并不明晰，职业化、专业化的培训培养体系未能在基层单位得到有效的贯彻落实，这种“有方向、无通道、缺动力”的基本状况在很多地方和辅导员身上都有所体现。解决这一根本性问题，需要高校为辅导员的职业生涯发展形成明确的、符合实际情况的标准，畅通职业化发展和专业化成长的通道，建立多部门配合、可持续发展的协调性、长效性的保障机制，搭建起一个科学、合理的实践框架，为高校辅导员职业生涯发展终身化形成完备的运行体系。因此，在倡导高校辅导员职业终身发展的同时必须清楚地认识到，这是一个长期的工程，还需要多方协作、合力推进，逐步实现其制度化的实施。

三、高校辅导员主体性发挥和主导作用强化问题

一直以来，关于辅导员的研究多具有工具理性，近年来才开始有了关注辅导员主体性的研究。需要指出的是，辅导员职业活动是一项实践活动，辅导员主体性主要是在职业活动运行过程中实现。辅导员发挥自身的主体性，会直接影响到大学生和辅导员二者之间的关系，从而重构辅导员自身的角色定位。所谓主体性，学界的认识基本上可以归为以下三类：一是认为主体性是人的本质属性，二是认为主体性是主体的本质属性或规定性，三是认为主体性是主体在认识和实践活动中所表现出来的特性[①]。高校辅导员主体性是高校辅导员作为辅导员活动主体的质的规定性，是在实践中得以发展的自觉、自主、能动和创造性的特性，包括辅导员作为活动主体的意识、素质和能力。辅导员的主体性既是普遍意义上的主体性，同时也是职业意义上的主体性，这也决定了辅导员的主体性具有自己的独特性。

在本质视角下探讨高校辅导员的主体性，它是社会价值和个体价值的统一。“辅导员职业活动和专业发展是个体满足不同层次需要，实现自由全面发展的过程，有效调和了社会价值和个人价值。”[②] 辅导员主体性的发挥，是服务于大学生思想政治教育工作需要的，促进了学生的成长成才，体现了一定的社会价值，同时也满足了自身发展的需要，实现自我价值。高校辅导员主体性的社会价值，取决于辅导员职业化、专业化的发展要求，作为一种特殊

---

① 于光．德育主体论．长春：东北师范大学，2009：15－16.

② 杨晓慧．高校辅导员主体论探析．东北师大学报（哲学社会科学版），2010（6）：158－163.

的社会职业，其根本任务就是要做好大学生的思想政治教育工作，这关系到培养社会主义合格建设者和可靠接班人，而大学生作为辅导员的工作对象，身心尚处于成长与发展阶段，这就导致辅导员的工作是具有一定复杂性和动态性的，因此只有通过自身主体性的发挥，辅导员才能更好地去承担这一社会责任。同时，辅导员的主体性也具有其个体价值，高校辅导员的工作是生命价值和自我发展的组成，多数人选择辅导员岗位，不只是因为能够服务学生、培养学生，而是由于辅导员是一种让自身充满成就感与幸福感的职业。辅导员主体性是社会价值和个体价值的统一，社会价值是个体价值实现的基本前提，没有社会价值的认可，辅导员主体性的个体价值就没有现实意义；辅导员主体性的个体价值是其社会价值实现的保证，没有个体价值，辅导员主体性的社会价值的实现也就缺乏动力。

在关系视角下探讨高校辅导员的主体性，它存在于多元主体互动作用下。有学者从系统论的角度来探讨高校辅导员的职业活动，认为其职业活动是一个庞大复杂的系统结构，涉及多个工作部门、多个工作要素，这些部门、要素不是简单相加、机械拼凑而成的，而是具有自己特定结构和内在机理的多层次、全方位、开放的运行系统①。此观点较为系统地进一步厘清了高校辅导员职业活动中的多主体性，输入系统中各职能部门是高校辅导员职业活动的实质主体，它们是高校辅导员职业活动指令的发出者，决定了高校辅导员职业活动的运行方向与模式；高校辅导员是其职业活动的实践主体，是作为主体性的人存在于整个系统结构中，这直接决定了辅导员整个职业活动的运行，也决定了辅导员职业活动的实践效果；大学生是自我教育的主体，作为辅导员职业活动的主要对象，大学生通过自身主体性的发挥为辅导员及各部门映射出有关职业活动的积极反馈与优化调整信息。因此，辅导员的主体性是存在于多元主体的互动当中的。

在发展视角下探讨高校辅导员的主体性，它通过辅导员素质的外显而体

---

① 高地．高校辅导员职业信念形成机制论析．东北师大学报（哲学社会科学版），2010（6）：169－172.

现。高校辅导员职业生涯发展的过程也是自身主体性不断彰显的过程。从价值论的角度讲，高校辅导员的主体性是在辅导员职业活动“求真，求美，求善，求自由”的过程中体现出来的；从实践论的角度讲，高校辅导员的主体性是在职业活动实践中生成、发展和呈现的①。无论是从价值角度还是从实践角度，高校辅导员主体性的实现都需要以一定的过程为基本条件，而此过程也是高校辅导员主体性素质呈现的过程。高校辅导员职业活动的进行必须通过其基本素质的外显方可实现，所谓主体性素质，不仅仅是传统意义上对于高校辅导员素质的知识维度、道德维度、技能维度等方面的体现，也更加关注高校辅导员作为职业活动的主体，其认识、需要、动机、情感、意志、个性等的能动作用②。高校辅导员主体性素质的呈现，需要通过其在职业活动过程中的各个环节来实现，诸如：日常化的思想政治教育、班集体和寝室管理、校园文化活动的开展、班会的方案设计与组织实施等，正是在这些实践过程中，高校辅导员充分发挥其主体性，能够产生积极的反馈、正向的评价等促进自身素质不断提高的因素，进而在职业活动中实现自身的发展。这也是高校辅导员发挥自身主体性的优势所在。

第二节　高校辅导员职业生涯发展的方向选择

终身从事的职业需要有完备的职业发展路径，对于高校辅导员职业生涯发展而言，在终身发展的基本前提下，其主体方向是遵循高校辅导员队伍职业化、专业化建设的总体指导思想，对高校辅导员职业生涯发展的路径进一步明确。这需要系统化地设计科学的发展模式，并通过专业化的培养实现高校辅导员职业生涯的多样化发展。

一、高校辅导员职业生涯发展路径的建构思路

随着高校辅导员制度的不断深入推进，高校辅导员的工作性质也经历了

①② 王宝鑫．高校辅导员的主体性素质与形成机制．高校辅导员学刊，2011（1）：6－9.

由临时“岗位”到专门“职业”的深化与转变，建设一支职业化、专业化的高校辅导员队伍是高校发展的必要准备。目前，各高校也正在凝练方向，搭建平台，加强建设，但仍须指出，高校辅导员制度整体上依然处于发展阶段，有些方面还须进一步完善。建构高校辅导员职业生涯发展路径，需要在宏观架构、中观深化、微观落实三个层面形成科学合理的思路和方法。

首先，在宏观构架层面科学推进职业化、专业化进程。高校辅导员职业生涯发展的路径建构是在遵循职业化、专业化这一指导方向的前提下，实施科学合理的具体举措。在宏观层面，需要把握好高校辅导员职业生涯发展的整体进程，在关键环节做到科学地推进职业化、专业化进程。具体包括：(1) 要把好入口关。明确选聘标准，在政治素质、学历背景、知识能力等方面提出明确、具体、刚性的条件要求。严格执行“24号令”，选聘具有思想政治教育等相关专业背景、具有一定的组织管理能力和语言文字表达能力、接受过系统的辅导员专业化培训的人员进入辅导员岗位，确保辅导员队伍优秀人才持续不断。(2) 要有科学的培训培养体系。高校辅导员培训培养既是知识、技能的培训，也是学历学位的提升，还包括日常的针对性培养。要构建层次递进的从国家到学校的培训培养系统，畅通高校辅导员职业能力提升的路径；依据不同内容，建构岗前培训、专题培训等方式；依据不同群体，建构骨干培训、分年级培训；学校作为辅导员的直接培养单位，要对辅导员的发展成长搭建平台、提供条件，形成符合实际和人才成长规律的培养方案。(3) 要有合理的队伍结构。队伍结构影响着高校辅导员职业生涯发展进程的科学合理性，既是高校辅导员队伍职业化、专业化发展的状态，也是高校辅导员队伍的纵向层次要求。一方面，要考虑年龄、学历和专业结构，考虑地缘、学缘、校缘因素；另一方面，以形成金字塔式的整体结构为目标，搭建平台，整合力量，重点培养辅导员骨干，打造科研能力与业务素质双强的辅导员“尖兵”，并打造科研、心理健康教育、就业指导等二级金字塔结构。

其次，在中观深化层面由制度普适转向个性发展。高校辅导员制度化背景使队伍建设受工具理性的强势影响，以至于高校辅导员培养工作的模式化、刻板化现象，极大地束缚了高校辅导员的个性发展，也使其职业生涯发展受到一定的负面影响。这就要求我们将整体的思路向人本性转向，从高校辅导员主体性的视角考虑其职业生涯发展路径的问题，而不仅仅是从制度框定的角度设计辅导员队伍的职业发展路径。一方面，需要重视高校辅导员的自身成长，坚持养用结合的建设思想。对辅导员的业务培养需要纳入学校整体师资以及人才培养计划之中，致力于将辅导员队伍打造成学习型、发展型团队。学校应提供高校辅导员职业发展平台，关注高校辅导员个体的个性化需求，确定高校辅导员在专业目标、岗位目标和职位目标等方面的发展轨迹，从而使其在自身专业技能、管理水平上日益提高。学校还要创造政策和物质保障措施，使高校辅导员工作真正成为可长期从事的事业。另一方面，注重解决高校辅导员面临的实际问题与思想问题，关心高校辅导员的工作、生活和学习等各方面，注重对高校辅导员的人文关怀，加强高校辅导员间的互动交流与群体正向影响，通过高校辅导员沙龙、文体活动、座谈等多种活动，了解高校辅导员的真实发展需求与情感需要，逐步建立对高校辅导员日常工作与学习生活的情感支持系统，有针对性地解决其职业发展中的现实问题。

最后，在微观落实层面把握现实需求促成长。高校辅导员职业生涯发展的现实需求可从两方面阐释：一是其个人成长的需要，二是时代发展需求。总体而言，当前高校辅导员面临的最大问题是职业化水平和专业化水平如何双向提升、互相促进，这也是对其职业生涯发展的必然要求。清楚这一基本问题，就可以在搭建高校辅导员职业生涯发展路径方面有的放矢，在微观层面的具体操作中建立“问题导向”的研究范式，以符合高校辅导员实践研究特点。所谓“问题导向”，就是把高校辅导员工作中遇到的现实难题作为深入研究的素材和课题，以问题为出发点，培养高校辅导员的问题意识，引导其关注当下大学生思想政治教育中的热点问题、现实难题，为其掌握科学的研究方法搭建平台，提升高校辅导员把实践中的问题转化为研究课题的科研能力，并注重培育高校辅导员在科研过程中解决问题的能力，形成“发现问题—研究课题—解决问题”的科研实践互动链条。此外，高校辅导员还要把握好自身在学校大环境中的基本定位，在做好第二课堂的思想政治教育工作的同时，密切与第一课堂教学工作相融合，密切与其他管理部门相融合，密切将教育、管理、服务等工作内容相融合，全面促进学生的成长成才。

二、高校辅导员职业生涯发展新型路径的建构方案

目前，职业生涯发展路径大体上可以分为单通道职业发展路径（单一行政管理职位发展路径，也被称为I型职业生涯发展路径）和双通道职业发展路径（管理职位发展路径和专业职称发展路径平行共进的发展模式，也被称为H型职业生涯发展路径）两大类。高校辅导员职业生涯发展的路径也如此，就目前总体情况来看，I型已逐渐被H型替代，职业化、专业化的队伍建设方向已成为高校辅导员队伍建设的基本共识。

在前期的研究中我们也发现，当前H型职业生涯发展路径依然不能适应高校辅导员队伍建设和高校辅导员自身成长的现实需要，尽管有着良好的发展通道，但尚未形成合理的高校辅导员队伍结构，职业化、专业化之间也未能形成良好的互动。在前文研究的基础和总体思路下，我们明确的是，高校辅导员职业生涯发展路径须建立一个职业化、专业化相互促进的发展模式，具体内容上既要考虑制度落实的普适性要求，又要观照高校辅导员的个性化发展，实践操作上要确保满足高校辅导员的发展需要，促进其更好地发展。因此，高校辅导员职业生涯发展路径既不能只按照I型进行，又不能完全遵从H型，而是要结合高校辅导员队伍建设的总体思路和个体发展特征，建构起一个新的职业生涯发展路径，即A型职业生涯发展路径。所谓A型职业生涯发展路径，事实上是对H型职业生涯发展路径的深化与延伸，主要是在职业化、专业化发展路径的双平行通道基础上，促进二者的互联互通，打通平行的职业生涯发展路径，形成合二为一的专家型发展模式。A型职业生涯发展路径结合了高校辅导员队伍发展的现实需要，既考虑了高校辅导员在教育管

理服务工作方面晋升发展的职业化路径，又观照到其在科研提升、专业发展方面的专业化路径，同时在职业化、专业化的基础上，促进双通道的融合，建立专家型高校辅导员的成长路径；同时，和H型职业生涯发展路径不同的是，职业化、专业化发展路径的双通道一直处于平行状态，而A型职业生涯发展路径是由初期的双通道逐渐交叉融合，最终形成一个发展通道的过程。这一过程不仅考虑到职业化、专业化的发展本身就是相辅相成、相互关联的统一共进的关系，更是将二者的发展融合到专家化的发展方向，既拓宽了I型职业生涯发展的通道，又深化了H型职业生涯发展的方向，并结合高校辅导员职业生涯发展的政策导向与高校辅导员个体需求，是一种既满足客观规律又符合现实特点的科学的职业生涯发展路径。图4-1、图4-2、图4-3更加直观形象地表现了I型、H型、A型职业生涯发展路径的优劣异同。

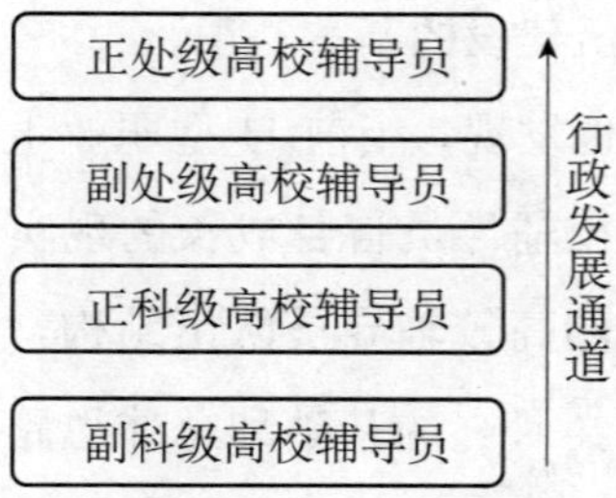

图4-1　高校辅导员I型职业生涯发展路径

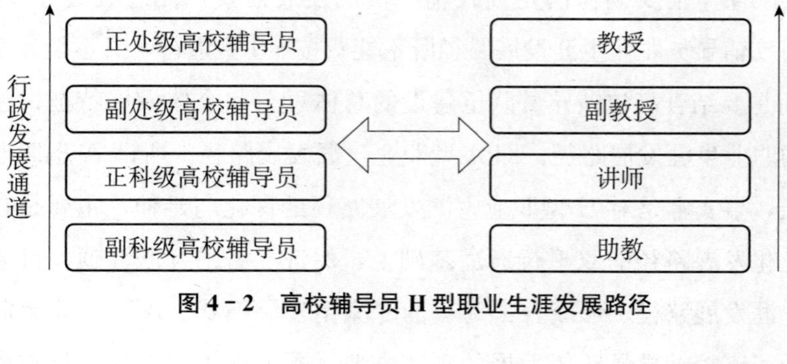

图4-2　高校辅导员H型职业生涯发展路径

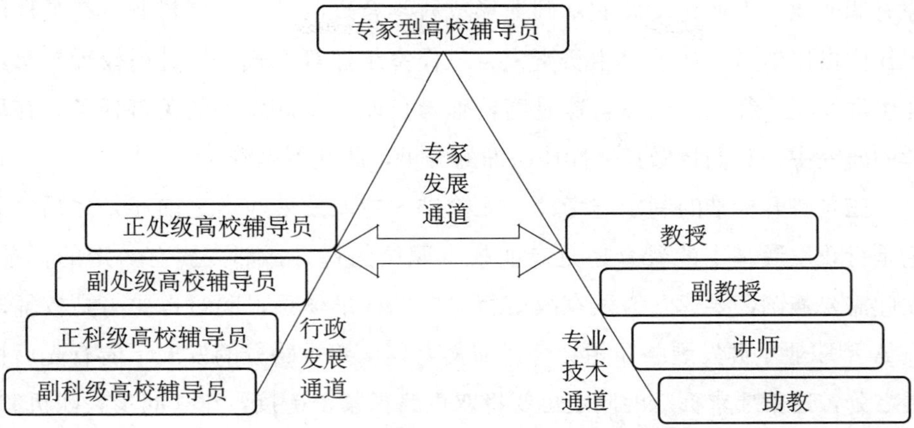

图 4-3　高校辅导员 A 型职业生涯发展路径

高校辅导员 A 型职业生涯发展路径的设计，需要重点把握以下几点内容：

一是双向通道的同步衔接。和 H 型职业生涯发展通道的平行状态不同，A 型职业生涯发展路径有一个共同的指向，这就要求高校辅导员职业生涯发展须通过双向路径同步发展，不能有先后快慢之分，有先有后就会造成高校辅导员职业能力和职级的不对称，有快有慢就会造成职业发展路径的扭曲。这就意味着当高校辅导员在行政发展路径上发展到一定级别时，其专业技术路径也应相应地发展到一定水平，这并不等同于双重路径的标准统一（达到某一项级别就可以实现另一项发展），而是要在各自的标准体系中都能满足基本要求。这是一种相互管理的衔接机制，即高校辅导员既要注重自身的职业化发展，同时还应满足专业化发展的要求，双重通道可同时起步、同步发展。在制定具体晋升标准时，要注重与对应发展的路径的呼应，二者须作为彼此的充要条件共同发展。

二是通道融合的节点与延续。职业化与专业化是两个逐步贴近的发展路径，在融合为专家化发展通道的节点上，需要有重点地设计。在现有的基本框架中，专家发展通道在副教授和副处级之后开启，主要考虑这一阶段的高校辅导员无论是在职业能力还是专业水平上都已基本形成较为成熟、体系化的知识结构，能够满足成长为专家型高校辅导员的基本条件。在这一节点之后，发展目标确定为专家型高校辅导员，这是一个更高层次的要求，需要在原有职业化、专业化发展的基础上形成科学合理的长效发展机制，在具体的工作中可以通过诸如项目组负责人、工作室组建等方式，促进高校辅导员职业生涯发展路径长期延续，这是高校辅导员职业生涯发展的关键任务。在后续的研究中，我们将做具体操作层面的分析，此处不再赘述。

三是晋升标准的制定与考评。无论进入专家发展通道之前还是之后，无论是行政发展基本的晋升还是专业技术职位的晋升，都需要有一定的标准。在此需要强调，要建立与国家政策相对应的标准体系，同时也要与高校辅导员A型职业生涯发展路径相契合。前文有述，双重路径的发展不能有先后快慢之分，这就要求标准的制定也要将双重路径紧密衔接，建立同步关联机制。例如，行政的科级和专业技术的中级要对应，行政的处级要和专业技术的高级相对应，允许上下级别的对应但不能跨级别晋升，即评聘副处级高校辅导员时至少其要有讲师的专业技术职务，评聘副教授时至少其要有正科级的行政级别。这是确保“两条腿”同步行进的制度保障。同时，还应建立科学的考评机制、进入机制与退出机制，对符合要求的优秀人才按标准引进，对不符合要求的在岗人员及时清退，确保队伍健康发展。

总之，高校辅导员A型职业生涯发展路径的建构，既避免了单向职业生涯发展路径的狭窄，又保障了双向职业生涯发展路径的融合，是一种科学的发展路径模式。它进一步深化高校辅导员队伍建设职业化、专业化方向，也明确了专家型高校辅导员的职业生涯发展目标；保证高校辅导员职业生涯发展终身化实现的可能，打通职业化与专业化的平行路径，避免双重路径带来的发展不确定性与不稳定性，保障职业生涯发展方向的精准化实现；同时，也在总体架构上保障高校辅导员队伍结构的科学化，以个体A型职业生涯发展路径为基本单元，架构高校辅导员队伍的金字塔结构。

三、高校辅导员新型职业生涯发展路径下的主体成长

高校辅导员主体成长，是在职业生涯发展路径下具体开展职业活动的实践过程中实现的。这一实践过程是高校辅导员开展思想政治教育的过程。从职场新手到专家型高校辅导员，是实现育人与育己互动的过程。研究高校辅导员

的主体成长，就是要在思想政治教育的过程中探究其职业发展与专业提升的过程，A 型职业生涯发展路径中的行政发展通道与专业技术通道，考量的既是高校辅导员的职业能力发展，又是其职业人格发展。在主体视角下思考高校辅导员职业生涯发展路径，就要在其职业活动中关注其职业能力与职业人格的发展是否符合职业生涯发展路径的要求。因此，作为职业活动中的核心要素，教育对象、教育内容、教育过程三者成为研究高校辅导员主体成长的关键所在。

第一，与学生的互动性成长是实现行政发展与专业技术双重发展通道交互作用的基础。讨论高校辅导员的主体性离不开讨论高校辅导员本身，但更离不开与大学生之间的互动关系。高校辅导员与学生交流，“要面向学生精神发展的未来，通过师生互动共同建构学生精神生命”[①]。作为具有能动性的主体，高校辅导员的成长更是一种与学生的互动性成长。一方面，高校辅导员要以职业化、专业化的目标去规划自身的成长，这一目标的实现，需要高校辅导员在与学生的互动关系中发展自身职业，运用自身专业，这也是 A 型职业生涯发展路径中双通道发展须把握的重点。高校辅导员作为职业化、专业化的思想政治教育工作者，大学生是其工作对象，更是其开展理论研究的直接来源，与学生的互动是高校辅导员获取理论并实践理论的重要环节。高校辅导员应不断总结与学生互动的实践工作并将其提炼为理论成果，再运用到与学生的互动过程中，形成“工作-科研”的良性循环，这种工作-科研的循环过程也是双重发展通道交互的成长过程。另一方面，高校辅导员和大学生的互动关系也是彼此相容的关系，二者在互动过程中相互启发，相互促进，共同成长。高校辅导员和大学生在职业实践活动中处于主体地位，也都具有主体属性，高校辅导员是学生思想成长和行为养成过程的主导者，在引导学生的成长方向与过程中起到积极主动的作用；而学生是接受高校辅导员教育活动的主体，他们通过对高校辅导员各类教育活动的积极反馈而发挥主体作用。高校辅导员在与学生的互动过程中，依据学生的反馈信息不断改进自身工作方法，融合工作内容，整合工作资源，进而将经验积累转化为教育成效。

---

① 李忠军．关于高校辅导员本质的几点探讨．东北师大学报（哲学社会科学版），2010（6）：164－168.

这是实现A型职业生涯发展路径双重发展通道同步发展的关键所在。可以说，如果没有辅导员在交流互动中与学生共同成长，高校辅导员A型职业生涯发展路径的交互作用就难以实现。

第二，对教育内容的创造性理解是促进行政发展与专业技术双重发展通道更加贴近的核心。辅导员接受的教育信息往往具有更强的理论性和政策性，在具体的教育实践中，需要将教育内容进行重新组织、编排，转化成学生所能接受和了解的内容体系[①]。这种重新组织、编排、转化就是辅导员对教育内容的创造性理解。“如果说思想政治教育内容Ⅰ是相应社会、阶级在思想政治教育活动展开之前便给定，并以纯粹的思想理论的形式表现出来的话，那么，思想政治教育内容Ⅱ则是直接应用于思想政治教育活动，并依据教育活动所特有的逻辑重组并编制了的思想政治教育内容。”[②] 大学生接受的来自高校辅导员的思想政治教育内容，不是高校辅导员对意识形态的一种简单传递，也不是按照辅导员自身的观念施教，而是辅导员在明确自身的工作职责和角色定位之后，“在总结职业活动经验和掌握基础理论知识的前提下，进行对职业相关信息的加工”[③]，对教育目标有明确的判断，将教育内容先内化为自身的知识结构及观念体系，并不断使其固化形成稳定的认知结构，最终外化为对学生的施教过程。就政策文件所传递的内容而言，“政策的内容更多地表现为一种理论体系，在具体的教育实践中，我们需要将政策规定的教育内容进行重新组织、编排，转化成一般人所能接受和了解的内容体系”[④]。高校辅导员只有将对学生的教育内容进行必要的创造性理解，才能实施更具针对性、实效性的教育活动。而这一理解过程，促进了辅导员自身职业能力的发展与职业人格的完善，且并非单纯靠行政发展或专业技术通道的晋升才能实现这一

① 韩丽颖．新时期高校辅导员职业活动的运行机理探究．东北师大学报（哲学社会科学版），2010（6）：173-176.

② 沈壮海．思想政治教育有效性研究．武汉：武汉大学出版社，2008：86.

③ 高地．高校辅导员职业信念形成机制论析．东北师大学报（哲学社会科学版），2010（6）：169-172.

④ 韩丽颖，杨晓慧．大学生思想政治教育政策执行的制约因素和对策研究．思想教育研究，2010（3）：40-43.

理解，更需要通过双重发展通道的相互贴近来实现这一过程。因此，作为高校辅导员主体成长的重要组成部分，对教育内容的创造性理解是避免双重发展通道平行发展的核心。

第三，对教育过程的规律性把握是打通专业技术发展通道的关键。辩证唯物主义认为，事物之间或事物内部本质的内在必然联系和事物的发展趋势就是规律。高校辅导员对大学生进行的思想政治教育过程也是有规律可循的，高校辅导员对大学生的教育过程，是将思想政治教育内容进行内化理解之后对大学生采取的一种外化实践活动，也是直接联系高校辅导员与大学生双主体的关键链条，对其进行规律性的把握是高校辅导员能够有效开展工作的前提。高校辅导员的教育形式可以是短期性的对话辅导，也可以是长期性针对性的干预，但无论采取何种方式，这一过程都需要满足思想政治教育的规律。一方面，高校辅导员对大学生实施的教育过程是建立在大学生自身成长成才的规律之上的，大学生从大一入学到大四毕业的成长过程遵循人的成长规律，高校辅导员应积极把握这一规律去开展各类教育活动。比如，在职业规划教育的实施过程中，辅导员从新生入学开始首先应侧重把握好学生的心理适应能力，以专业基础学习引导为重点，而大二、大三阶段可以逐步开展职业兴趣测评、职业岗位现状、职业技能提升等活动，大四阶段则可以融入岗前教育，这样整个教育过程各有侧重，且针对性明显。另一方面，高校辅导员对大学生实施的教育过程需建立在大学生“知、情、意、行”的思想发展规律之上。大学生在接受新的思想观念时，遵循“知、情、意、行”递进的发展规律，辅导员对其实施的教育过程，还应以此规律为基础。教育无处不在，高校辅导员不断把握教育过程的规律性，是不断提升自身专业水平和职业能力的过程，也是在行政发展通道与专业技术通道交融至专家发展通道的关键所在。能不能把握规律、能不能找准规律，是高校辅导员职业能力的体现，也是考量其专家发展通道是否开启的重要指标。

高校辅导员通过以上三个方面发挥自身的主体地位的同时，也实现了自身知识结构、能力水平和人格特征的完善过程，这是在新型职业生涯发展路径下透视高校辅导员主体成长的重要场域，也为 A 型职业生涯发展路径成为高校辅导员职业生涯发展的必然选择提供了必要论据。

第三节　高校辅导员职业生涯发展的周期超越

前文提到，高校辅导员职业生涯发展的一般周期可以分为探索适应、发展成长、高原倦怠、成熟稳固四个阶段。与A型职业生涯发展路径对比后不难发现，高校辅导员的职业生涯发展周期贯穿于其职业生涯发展路径的全过程，符合自身成长发展规律（见图4-4）。高原倦怠期也成为制约其行政发展通道与专业技术通道融合为专家发展通道的重要屏障，也是高校辅导员面临的职业生涯发展的最大限制与障碍，如何超越高校辅导员职业生涯发展的限度，突破高原倦怠期，是畅通其职业生涯发展通道的关键所在。

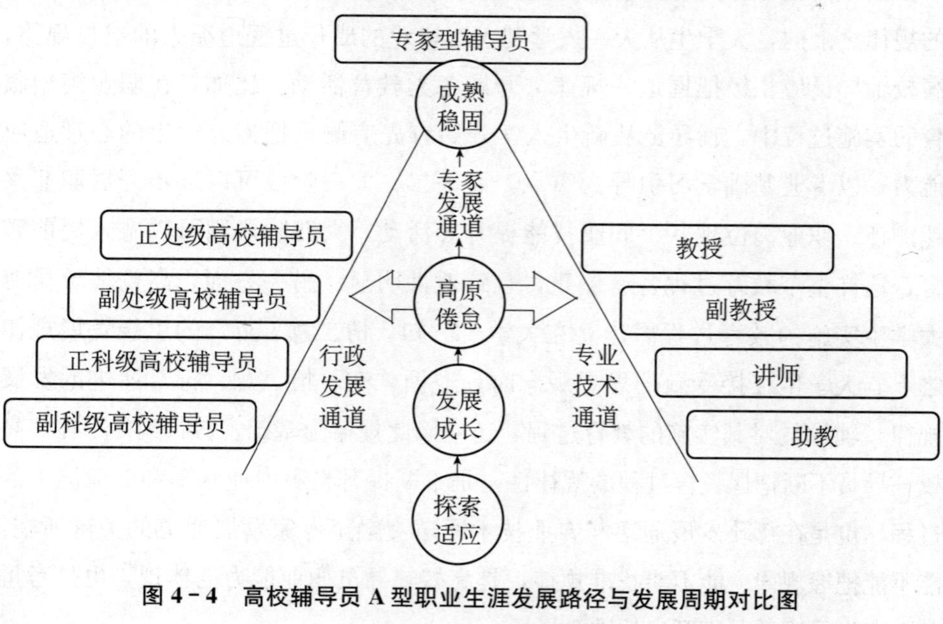

图4-4　高校辅导员A型职业生涯发展路径与发展周期对比图

一、高校辅导员职业生涯发展的周期超越理论依据

研究高校辅导员职业生涯发展的周期超越，需要从两方面找寻理论框架，

一是超越的内容，即限度问题；二是超越的路径，即方法问题。限度问题是根源，方法问题是突破口，这属于在论题两级探寻可适性方案的基本逻辑依据，也是开展更深一步研究的出发点。

“限度”是指具有边界限定的程度、数量和范围。“度”在哲学上指一定事物保持自己质的数量界限。在这个界限内，量的增减不改变事物的性质，超过这个界限，就会引起质变。“限”指一定的范围；“限度”的解释为，范围的极限，最高或最低的数量或程度[①]。限度作为一种既定的边界，是指事物在即时情况下的特有属性，主要强调现时性。限度是事物性质的一种表现方式，其意义在于对事物的存在范围进行清晰的界定和区分。在多个学科领域均有关于“限度”的理论研究，其中传播学中的“有限效果论”和心理学中的“心理边界理论”均为本研究提供了根本的理论依据。以拉扎斯菲尔德、卡兹和克拉帕为代表的“有限效果论”学派，主要通过实证调查的方法，分析影响大众传播效果的诸多因素，主要有传播主体、受众心理生理因素，传播媒介自身条件以及媒介环境的因素。他们还认为大众传播不是万能的，而是以“无力性”等表现呈现出其传播的有限性；大众传播中的受众对接触的信息进行主动选择或屏蔽。“心理边界”是社会心理学名词，是人的心理活动的限制线，这条限制线将个体、群体、组织与周边的环境区分开来，是人能够实现心理控制功能的最终界限。这一界限对内维系了秩序性，对外起到了保护个体、群体、组织的作用[②]。事实上，“心理边界”是人进行自我心理调控的极限所在，是人与环境、人与人互动过程中产生的能承受刺激的边界线。它能够确保人们保持稳定的内在心理状态，保护人们进行正常的外在行为活动。同样，心理边界也可以看作个体内在对外部影响的一种认同程度，不同个体、同一个体在不同情境中在“知、情、意、行”等方面存在一定的差异性。限度的相关理论为我们研究高校辅导员职业生涯发展面临的瓶颈问题提供了基本的分析框架，也是探寻突破口的理论支撑。

---

① 中国社会科学院语言研究所词典编辑室．古代汉语词典．北京：商务印书馆，2003.

② 周菲，白晓君．国外心理边界理论研究述评．郑州大学学报（哲学社会科学版），2009（3）：12－15.

诸多学者就突破周期发展的限度开展了大量的研究，尤其在教师职业生涯发展方面更是如此。美国未来学院院长扬·莫里森（Y. Morrison）提出的“第二曲线”[①]理论被教师教育研究领域广为借鉴，用来解释教师职业生涯发展的现象，最终在探索与讨论过程中初步形成了“第二周期理论”。这一理论的主要观点为，第一周期无论遭遇何种情况，教师个体都将在摆脱现状的过程中找寻新的突破口，在此过程中，教师个体为了达到一个新的目标，就会实施一种面向未来的发展策略，这种策略表明教师职业生涯进入了第二周期曲线（“第二曲线”）[②]。“第二曲线”代表着教师个体在突破传统成长路径后的一种新的发展状态，属于经历变革后的一次全新的生命周期。成功的教师职业生涯是一个由“第一曲线”向“第二曲线”发展且不断变化上升的过程。“第一曲线”代表现实发展目标、状态和模式，“第二曲线”则代表着教师新的发展目标、状态和模式[③]。教师职业生涯发展理论认为，“第一曲线”和“第二曲线”是一个相对的概念，每一个“第二曲线”都是下一阶段的“第一曲线”，二者循环交替的转变过程促进了教师职业生涯不断发展和提升。与“第二曲线”理论相近的是，有学者对教师职业生涯发展提出了“二次成长”[④]理论，认为“一名优秀教师的成长至少需要两次成长过程：一名教师要走向

---

① 扬·莫里森在其著作《第二曲线》中总结企业成长发展规律并提出“第二曲线”理论，即企业发展都需要经历一个从“起始期”“成长期”到“成熟期”“衰败期”的生命周期，其运动轨迹被称为“第一曲线”；为了实现持续发展，避免衰败，企业需要在发展高峰到来之前，开辟出一条新的道路，这条道路的发展轨迹被称为“第二曲线”。

② 程振响．教师职业生涯规划与发展设计．南京：南京师范大学出版社，2009：29.

③ 朱晓红．基于“第二曲线”理论的高校教师职业生涯周期研究．河南师范大学学报（哲学社会科学版），2011（6）：112－115.

④ “二次成长”理论认为教师的第一次成长是对自身职业能力的学习提升过程，是由工作新手到工作骨干的成长过程，而第二次成长是自我超越的过程，是从工作骨干成长为名师的过程，二者具有本质的区别：（1）第一次成长方式主要是模仿；在第二次成长中，教师反思自己的教育教学行为及效果，这一环节不可或缺。（2）第一次成长主要靠经验的积累，第二次成长主要靠“用理论”来反思自己的经验。（3）第一次成长主要表现为行为方式的变化，第二次成长更重要的是看问题的立场方法的重大变化。（4）第一次成长很多是自然开始的；第二次成长则有很多是受到较大挫折后开始的，或者是在受到外力的强力推动后开始的。（5）第一次成长所依靠的外部支持主要是同伴的示范，第二次成长所依靠的外部支持则主要是专家的指导。（李海林．教师二次成长论：卓越型教师的成长规律与成长方式．今日教育，2015（1）：48－50.）

成功，仅有第一次成长是不够的，起决定性作用第二次成长；当前教师成长遇到的瓶颈，不是第一次专业成长，而是第二次专业成长；某一些方式和途径，对教师第一次专业成长是有效的，但对二次专业成长则效果不大，或者无效”[①]。相比“第二曲线”理论，“二次成长”理论可借鉴性更强，前者更加注重对成长过程的规律性把握，后者对成长的目标进行了清晰的定位，即把“二次成长”作为“成熟型教师”不断超越自己，成长为“名师”，以及继续成长为科研型、研究型、学者型教师的重要路径[②]。

回溯到高校辅导员职业生涯发展的研究论题中来，限度理论为我们研究高校辅导员职业生涯发展受限的个体心理因素提供了较为直接的理论依据，让我们清楚地认识到无论是职业发展瓶颈，还是“天花板”现象，都是个体内在心理因素与外在制约的集中体现，而外在条件不能改变的同时，如何突破心理边界则是拓展职业生涯发展的重点。同样，教师职业生涯发展的“第二曲线”理论与“二次成长”理论都是从内生的基础出发探求职业生涯的进一步发展，这为高校辅导员职业生涯发展的周期超越提供了一个最基本的思路，即建构内在的结构，突破外在的限制，实现职业生涯发展突破。

二、高校辅导员职业生涯发展的周期超越现实路径

高校辅导员职业生涯发展的限度一方面在于外在的职业路径发展制约，另一方面在于自身内在心理因素的影响，总体来说体现在前文提到的在高原倦怠期表现出的职业能力提升受阻、职业人格反复波动以及对职业路径的退缩迷茫。这些关键制约因素，也是现实生活中高校辅导员职业生涯发展受限的问题根源所在。如何进一步增强实效，打通高校辅导员职业生涯发展的瓶颈，根本在于以自身前期成长为基础，突破个体的心理限度，实现自身的“二次成长”。

① 李海林．教师二次成长论：卓越型教师的成长规律与成长方式．今日教育，2015（1）：48－50.

② 袁怀敏．成熟型教师二次成长路径研究．中国教育学刊，2013（S3）：102，105.

对于高校辅导员而言，其“二次成长”首先在于准确把握自己的角色定位。随着时代的发展和高等教育改革的不断深入，高校辅导员是大学生德育工作的主要力量，其工作领域正在逐步延伸，角色定位也在不断变化，从最初单一的价值观和人生坐标的引路人逐步走向人身导师、知心朋友等多元化方向，其工作职责也不仅仅是思想政治教育，而是随着时代的发展逐步拓展为集教育、管理、服务于一体的新的管理职责：引导大学生全面健康成才，由严格的教育管理转向全面的教育服务发展；个人的成长路径由经验型转向科研型；与教育对象的互动关系由权威型转向对话型；自身的素质结构由知识单一型转向复合型；职业生涯发展路径由传统型转向专业化和职业化。高校辅导员角色的不断丰富，对其职业生涯发展也提出了更高的要求。从一般意义上讲，高校辅导员对于专业知识的学习、职业技能的把握、职业人格的塑造等方面的“一次成长”过程能够很好地适应与把握，但“二次成长”是对现有模式与状态的一种突破，这需要高校辅导员在工作中发现问题、分析问题，做一名思想者和研究者，要能够将反思、总结、归纳得出的解决问题的方法和别人的经验运用到实践中去，做一名工作者和实干家，做到“在工作中研究，在研究中工作”。因此，新时期高校辅导员不仅应具备开展日常教育管理工作所必需的知识、技能、观念等基本素质，还应具备一定的较为系统的研究能力，成为“反思的实践者”。这也正是其实现“二次成长”的必经之路。

总的来说，高校辅导员的“二次成长”就是对自身工作模式的转变，将开展工作研究引入职业发展中，以自身的工作经验为“材料”，作为学生工作理论研究的基础，将形成的科研理论成果用于指导、改进和完善工作，并进一步从工作中获取理论研究素材，形成“工作-科研”良性循环的过程。这一过程能够很好地解决高校辅导员在高原倦怠期出现的职业能力提升受阻、职业人格反复波动以及对职业路径的退缩迷茫等职业生涯发展瓶颈，是其“二次成长”的重要路径。高校辅导员职业生涯发展周期超越模式要重点把握以下五个环节：

第一，系统学习，提升自身理论素养。许多高校辅导员在反思自我、提升能力的过程中遇到的最大问题就是自身理论水平不够，使理论研究进展出现困难。针对此问题，进行系统的理论学习十分必要，掌握必备的思想政治教育理论、心理健康知识、职业生涯规划指导知识、班级建设知识和党员教育培养知识等，能够对学生工作有一个较为宏观准确的把握，工作中对学生能够准确定位和指导，促进各项工作的开展。高校辅导员还要充分发挥自身的主动性，在参加各级各类培训的基础上，还要主动学习各类理论热点难点问题与专家学者们的研究成果，提升自身的理论素养，很好地利用这些理论成果指导实践工作，并为自己做理论研究储备一定的知识。

第二，把握问题，切入研究选题。高校辅导员的“二次成长”关键在于能否准确把握问题，找到值得展开深入研究的选题。总的来看，在高校辅导员工作过程当中面临的问题分为三类：一是直观性问题。顾名思义，是指存在于日常教育管理工作中易于发现、需要直接面对和解决的问题。如大一新生适应性问题、大学生党员教育培养问题等。二是探索性问题。一方面，是大学生思想政治教育理论探索问题，如大学生朋辈教育研究；另一方面，是将大学生思想政治教育理论、教育观念、教育成果在实践活动过程中转化为具体的解题思路的问题，如将社会主义核心价值观融入大学生思想政治教育全过程的研究。三是反思性问题。有反思意识的高校辅导员，会对自己的工作实践进行回顾和总结，在这个过程中发现的问题也可以作为课题来研究，总结规律，改进和提升自我，如大学生网络成瘾原因分析和预防对策思考、大学生资助对象思想政治教育问题研究等。能否把工作中的问题转换为研究的课题、把日常的管理变为研究学理，是高校辅导员实现“二次成长”的关键所在。

第三，敏捷反思，在研究过程中创新和学习。反思是一种特殊的间接认识，即个体将自我抽离为“现实状态”和“理想状态”，并通过其所建构的“理想的自我”为参照借鉴，来反观、评判“现实的自我”。高校辅导员需要以自身工作过程为思考的对象，对自己的行动、决策以及由此产生的结果进行正确的审视和分析。这是一种通过提高教育者的自我觉察水平来促进能力发展的途径，有助于辅导员的"二次成长"。反思过程主要有以下几个环节：首先，问题定位。辅导员在工作过程中要选择待定的问题进行关注，并收集关于这一问题的资料，在这一过程中接触到有用的信息对辅导员来说至关重要，他人经验、自身感受、其他研究成果等都有助于辅导员关注和理解问题，找出问题所在。其次，问题分析。这一环节，高校辅导员开始对收集的信息进行分析和加工，明确问题的根源所在，分析其成因并做理论提升。再次，提出假设。明确问题以后，高校辅导员可以建立解决问题的假设性方案，通过阅读理论书籍、文献资料等方式获取新的信息，聚焦问题解决方向，并提出创新性的解决方案，解释问题所在和进行指导行动。最后，验证假设。高校辅导员在此环节实施解决问题的方案，在检验过程中，会遇到新的问题、新的经验，此种情况再次被观察和分析时，就开始了新一轮的反思循环。高校辅导员对工作与问题进行反思的过程也是其"二次成长"不断实现的过程。

第四，深化总结，理论化提升工作经验。大学生思想政治教育研究成果具有过程性和生成性，高校辅导员反思的过程也是理论研究的过程。这一过程对辅导员个体而言提出了更高的要求。因为辅导员需要充分发挥主观能动性，不断地自主学习前沿的理论知识与科研成果，在学习的过程中强化辅导员个体的自我思考、吸收与内化，并探索解决实际问题的有效方法与对策，进而推动自身知识体系的更新、工作理念的形成、工作能力的提升以及科研水平的提高，完成辅导员由知识到能力再到思维方式的转变。这一过程也实现了对"职业能力提升受阻、职业人格反复波动以及对职业路径的退缩迷茫"的高原倦怠期的突破。在高校辅导员"二次成长"理论提升阶段，研究成果可分为隐性的技能经验和可见的文字材料。经验性成果在今后的工作开展中可以体现为具体价值。对于理论研究成果，在研究结束后，高校辅导员要总结分析这一过程，提炼论证理论观点，并依据学术规范完成论文或报告的撰写，进而发表成果。在这一过程中，高校辅导员应注重将前期积累的研究材料进行总结和分析，系统统筹前期零散的支撑材料，将自己的研究思想融入其中，进一步进行理论提升。对于前人已有的研究成果进行合理采纳和借鉴，学会去伪存真，充分运用数据、图表等有力支撑依据，明晰总结思路，将理论研究成果系统化呈现。充分把握规律，考虑成果的指导性价值。这既是高校辅导员专业化发展的过程，也是其“二次成长”的必经阶段。

第五，实践成果，进一步指导和改进工作。高校辅导员的“二次成长”不在于能够进行深刻的反思，也不在于展开深入的研究，而是如何实现从理论回归实践，在实践中运用理论成长，进而促进工作质量的提升与自身职业能力的发展。高校辅导员开展理论研究，是在发现问题、解决问题的工作过程中，将经验理论化，利用工作带动科研，同时使科研成果反过来指导和促进工作的开展。尤其对处于高原倦怠期的高校辅导员来说，进行必要的理论研究可以促进自身职业能力的提升，将工作经验进行总结和理论提升，并指导应用于后续工作中，实现自我成长与工作质量提升的双重发展。其意义在于，不仅可以学习理论、提升理论，还能在实践中检验理论、运用理论，形成工作与研究之间的循环。事实上是打破了原有工作型的高校辅导员成长模式，并转向“工作-科研”发展方向。将理论运用于实践也是开展理论研究的最终目的，避开了“工作-科研”良性循环过程的两端，同时，也是高校辅导员经历“二次成长”后走向职业生涯专家发展通道的最紧要关口。

简言之，高校辅导员职业生涯发展的“二次成长”关键在于其自我反思与调控，这形成了其职业生涯发展最主要的动力来源，即高校辅导员的理论学习内化和实践锻炼外化构成职业活动一个重要的内循环。高校辅导员的理论学习可以更好地指导实践活动，在实践过程中，高校辅导员可以检验理论的真伪，并可以提取经验，应用于理论学习和研究，二者反复交替，形成一个良性循环的过程（见图 4－5）。高校辅导员的理论学习和实践活动是一个内化外化的过程：一方面，高校辅导员经过对理论的选择、整合，可内化为自身的意识和能力；另一方面，高校辅导员将意识和能力外化为职业活动的实践行为，通过再认识的反馈，促进自身能力的提高。

综上，高校辅导员职业生涯发展的周期超越，需要经历以自我反思与科研提升为主的“二次成长”，这是实现高校辅导员由一元工作型发展模式转向

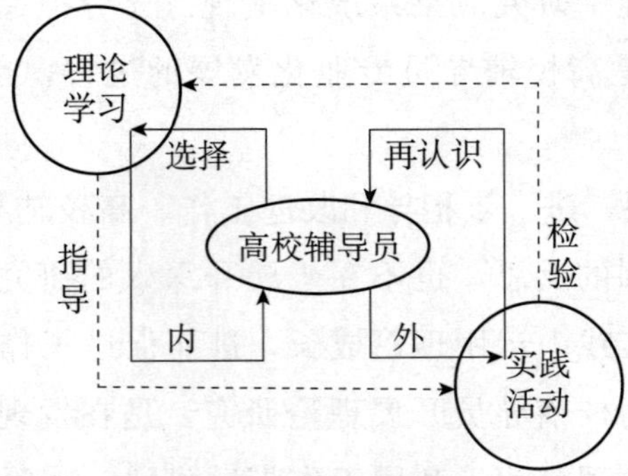

图 4-5　高校辅导员理论学习与实践活动的循环过程

二元工作-科研型发展模式的重要途径，也是由此开启其 A 型职业生涯发展路径的关键过程。

第五章 高校辅导员职业生涯发展的实践体系建构

高校辅导员职业生涯发展是一个涵盖多重元素的复杂系统结构，对这一问题的研究落点必须要从全局性视角，把握其实践体系的组织架构与优化策略，为高校辅导员组织管理与其个体职业生涯发展提供理论依据与现实指导。对这一问题的研究，首先需要明确如何建构高校辅导员职业生涯发展的实践体系，在此基础上搭建高校辅导员职业生涯发展实践体系的理想形态，即未完全经实践检验的理论指导性框架，最终回归现实，探寻理想形态实施的关键策略。

第一节 高校辅导员职业生涯发展实践体系建构的基本原则

高校辅导员职业生涯发展实践体系的建构，要基于高校辅导员的职业特性以及高校辅导员职业生涯发展的规律，指向高校辅导员职业生涯发展的目标，方可在实践层面具体操作。所应遵循的基本准则笔者将在目标性与过程性的统一、系统性与针对性的统一、阶段性与连续性的统一这三方面具体展开论述。

一、目标性与过程性的统一

建构高校辅导员职业生涯发展实践体系，要明确目标导向与发展过程，并注重二者的协调统一。这一实践体系的目标既包括高校辅导员个体职业发展目标，也包括组织管理目标，个体职业发展目标主要是高校辅导员结合自身实际所做的明确定位，组织管理目标则是相关部门从高校辅导员队伍建设层面出发制定的发展规划。高校辅导员职业生涯发展实践体系既包括个体职业生涯发展路径，也包括组织管理过程，个体职业生涯发展路径是指高校辅导员职业化、专业化发展过程中的一系列职务职称变化，组织管理过程是相关部门对高校辅导员职业生涯发展所实施的一系列行政指令与具体措施。可见，这是在高校辅导员个体与相关部门两个层面的协调统一，这种目标性与过程性的统一，就是在建构高校辅导员职业生涯发展实践体系的过程中，探寻目标与过程两个层面、四个维度的协调发展规律。其主要表现在以下四个方面：

一是组织管理目标与组织管理过程的统一。主要是根据国家关于高校辅导员队伍建设的政策文件和学校发展规划，高校辅导员的管理部门要制定合理组织管理目标，这是学工部门、组织部门、人事部门相互配合协调的结果。同时，还要形成与组织管理目标相匹配的具体措施，诸如培训规划、培养方案等，确保组织管理过程的有序有效。上位目标与过程的匹配，可以确保高校辅导员职业生涯发展的顶层设计科学合理，也是个体职业发展目标实现的基础。二是个体职业发展目标与路径的统一。高校辅导员在进行个人职业生涯规划时，需要结合组织管理目标明确自身的发展方向与目标，并对自身的职业生涯发展路径有明确的认识和规划。高校辅导员职业发展目标与路径的统一，必须通过科学合理的职业生涯规划来实现，借助组织管理的平台与载体实现自身的发展与提升，这是确保其职业生涯发展的重要内容。下位目标与过程的统一是动力之源，能够确保高校辅导员职业生涯发展处于健康的运行状态。三是个体职业发展目标与组织管理过程的统一。高校辅导员个体的职业发展目标具有一定的主观性与狭隘性，因此需要将其与组织管理过程相统一，主要途径是从组织管理的过程中挖掘个体职业发展目标，在个体职业发展目标中注入组织管理的成分，使二者成为有机统一体。下位目标与上位过程的统一，为高校辅导员职业生涯发展的内在动力与外在助力形成合力搭建了基本框架，是高校辅导员职业生涯发展内外联动的关键。四是组织管理目标与个体发展路径的统一。高校辅导员职业生涯发展的组织管理目标能否落实，关键在于是否有效地为高校辅导员搭建合理的职业生涯发展路径，二者的有机统一是指组织管理目标可行性与个体发展路径合理性的衔接融合，即高校辅导员的职业生涯规划具有较强的现实意义。这是上位目标与下位过程的统一，是高校辅导员职业生涯发展得以实现的关键衔接点。

目标性与过程性的统一，更是高校辅导员职业生涯发展中个体与组织相统一的过程，即个体职业发展目标不能游离于组织管理目标之外，个体职业发展路径也应包含在组织管理的过程中。事实上，这是个体发展需求与组织管理要求的整合，同时也说明高校辅导员职业生涯发展必须建立在组织推进的基础上才能更顺畅有序。

二、系统性与针对性的统一

高校辅导员职业生涯发展的实践体系是一个复杂的系统工程，建构起这样一个运行体系，必须要把握好系统性和针对性之间的统一关系。一方面，在于必须要从宏观层面把握高校辅导员职业生涯发展的全局与整体；另一方面，还要注重细节差异与过程衔接，并能够针对环境的变化实施有针对性的策略。系统性与针对性的统一是高校辅导员职业生涯发展应遵循的必要准则。系统性与针对性的统一，就是要在确保系统性的同时不失针对性，在针对性中体现系统性，既在系统性的基础上搭建高校辅导员职业生涯发展实践体系有针对性的平台，同时要在有针对性的内容中体现高校辅导员职业生涯发展实践体系的系统性，把握好二者的结合点。

高校辅导员职业生涯发展实践体系建构的系统性需要从两方面去理解。一是其职业生涯发展体系的内容系统性。对于一个完整的职业生涯发展实践体系而言，包括必要的政策指令系统、组织管理系统、个体发展系统及环境系统，每一子系统又由复杂的元素构成，涉及各个部门、各方人员等各类因素及其关联性。比如学工部门是高校辅导员队伍培养的主要单位，但同时高校辅导员的职业生涯发展离不开高校的组织部门、人事部门，甚至科研部门的协调配合，每个部门根据自身的职能分工，共同协作为高校辅导员职业生涯发展的实践体系运行提供动力。二是职业生涯发展体系运行过程的系统性。高校辅导员职业生涯发展本身就是一个动态的过程，构建实践体系需要坚持其职业生涯发展的过程系统性，把不同的发展周期和阶段放在整体的系统中通盘考虑，注重高校辅导员职业生涯发展周期的承接性。对高校辅导员职业生涯发展的管理同样也是动态过程，同样要根据系统的运行情况整体考虑组织管理策略，注重各类管理手段的相互配合与相辅相成，抓好对关键环节的处理，如辅导员的入职、晋升、转岗等不同节点的组织管理策略的一致性与整体性。事实上，高校辅导员职业生涯发展的实践体系运行，既包括组织层面的管理、培养，也包括个人层面的规划、成长，同时还有政策层面的引导以及环境层面的影响，是塑造高校辅导员职业生涯发展历程的系统工程。

针对性是高校辅导员职业生涯发展实践体系构建过程中必不可少的策略。首先，就高校辅导员群体而言，本身就是一个层次结构复杂的队伍，其性别特点、学历结构、年龄构成等自然情况，以及所处高校的地域、办学特色、学校层次等环境差距，自然地把高校辅导员分为多个层级类别，每个层级类别乃至每个高校辅导员个体的职业生涯发展状况都具有鲜明的差异特征，因此在构建高校辅导员职业生涯发展实践体系时，必须充分考虑设计具有针对性的多样化模式与路径。其次，高校辅导员处于不同的职业生涯发展周期，处于不同发展阶段的高校辅导员应具有不同侧重的职业生涯发展组织管理策略，对适应探索期的高校辅导员重点在于职业兴趣的培养，对成长发展期的高校辅导员重点在于职业能力的提升，对高原倦怠期的高校辅导员重点在于职业人格的完善，对成熟稳固期的高校辅导员重点在于打通专家发展通道，这种区分对高校辅导员职业生涯发展实践体系而言是提升有效性的重点策略。最后，高校辅导员职业生涯发展的目标是明确的，但实现目标的方式方法却是多元的。在建构实践体系的过程中，要注重从不同维度深入挖掘，建构多重路径实现高校辅导员职业生涯发展的目标。多元发展的同时更需有实效性，因此，针对性的原则需要有重点地探索多元化发展路径，需要集中力量建构针对性与实效性并存的个体职业生涯发展路径、组织管理方法，为高校辅导员提供具有可操作性的有效发展平台。

三、阶段性与连续性的统一

有效的职业生涯管理能够使人在其职业发展的每个阶段都做出与其才能、期望和价值观一致的职业决策。另外，相关部门则应该通过支持性的职业生涯管理活动，提高员工职业生涯管理的有效性[①]。高校辅导员职业生涯发展是

---

① 格林豪斯，卡拉南，戈德谢克．职业生涯管理：第3版．北京：清华大学出版社，2006：346.

一个长期连续的过程，每一个环节都至关重要，必须确保过程的连续有效，因此建构其实践体系要坚持长效性与连续性的统一。一方面，要考虑高校辅导员的职业生涯发展贯穿其整个发展历程，必须通盘考虑、长期坚持。另一方面，高校辅导员职业生涯发展的不同周期阶段是连续的过程，每个阶段都不可分割与断裂，因此要注重其职业生涯发展实践体系建构的衔接性。坚持长效性与连续性的统一，就是在高校辅导员职业生涯发展连续长效的基础上，建构个人长效发展路径与组织管理的连续有效策略。

高校辅导员职业生涯发展实践体系构建的长效性原则需要从以下思路去理解。高校辅导员职业生涯发展实践体系是一个包括理论架构和实践运行两方面内容的活动体系，其运行过程一方面要满足于高校辅导员个体的认识、实践、再认识、再实践的螺旋式上升的发展过程，另一方面还要适用于其组织管理也是一个循环往复的客观过程。高校辅导员职业生涯发展过程的复杂性与组织管理的往复性对这一实践体系的架构提出更高要求，必须在长期的实践过程中处理好高校辅导员个体的发展目标与任务受制于环境、组织管理的过程与辅导员个体的规划相互促进与制约、职业生涯发展的效果取决于各影响因素所形成的合理性等问题。这既是实践中的问题，也是运行过程中的规律，并且随着高校辅导员职业生涯发展的进行，新的问题会层出不穷。也就是说，高校辅导员职业生涯发展处于一个长期且不断变化的动态过程中，一些问题不是短期内就能很好解决的，必须在这一整体过程中追求长效发展。因此，建构其实践体系必须要遵从长效性的原则，以求这一实践框架有效运行。

之前我们也多次强调，高校辅导员职业生涯发展的周期阶段性特征，建构其实践体系必须要对不同发展阶段的高校辅导员进行有针对性的指导与组织管理，但同时还要满足各个阶段的连续性与衔接性。这是由高校辅导员职业生涯发展周期的渐变性决定的，任何一个发展阶段到下一阶段发展都不是一蹴而就的，而是一个渐变的过程。同时，各发展阶段之间也是相互关联、相互影响的，这种关联性也决定了连续性的存在必然。因此对其职业生涯发展实践体系的建构也应该遵从连续性的原则。还有，组织管理在职业生涯发展过程中尽管是各种模块化内容的呈现，但内容之间也存在内在联系与外在呼应，这种联系与呼应体现到实践体系建构过程中也是连续的。此外，值得强调的是，高校辅导员职业生涯发展是一个不断向前或向上的发展过程，对于这种线性单向的发展路径，须采用必要的评价与反馈机制，促进其实践体系形成一定的循环闭路系统，这就要求对高校辅导员个体的职业生涯发展情况进行必要的评价反馈，对辅导员职业生涯发展的组织管理进行必要的监督反馈，促进高校辅导员职业生涯发展的实践体系形成内部循环链条，这也是确保其有效发展的连续性原则。

第二节　高校辅导员职业生涯发展实践体系建构的理想形态

高校辅导员职业生涯发展实践体系是一个复杂的系统结构，对其进行深入研究必须探讨其组织构成及运行形态。从静态结构分析，这一系统结构是高校辅导员职业生涯发展实践体系各要素的有机组成；从动态运行分析，系统中的各部分内容具有不同的功能，因此这一系统也是高校辅导员职业生涯发展实践体系各层次的功能耦合。同时，作为一个按客观规律运行的动态过程，高校辅导员职业生涯发展实践体系还要进行运行机制的优化。因此，从基本的系统结构、动态运行和模式优化三方面分析高校辅导员职业生涯发展实践体系，是本部分研究的重要内容。

一、构建高校辅导员职业生涯发展实践体系的系统结构

系统结构是指系统内部各组成要素及相互之间的关联作用。高校辅导员职业生涯发展实践体系的系统结构，是在一定的政策环境与社会环境下，个人和组织管理按照高校辅导员职业生涯发展的一定方式和规律相互作用并运行的一种结构形态。高校辅导员职业生涯发展实践体系的系统结构具有整体性、层次性、开放性和稳定性特征。所谓整体性，是指高校辅导员职业生涯发展实践体系的系统结构具有其他结构所不具备的性质与功能，能够实现其

组成要素难以达到的目标；同时，其组成要素相互关联，形成了独立要素难以呈现的新特征。由于各要素的种种差异，高校辅导员职业生涯发展实践体系的系统结构形成了具有差异的系统等级。不同层次具有不同功能，同时系统层次又是相对的。高校辅导员职业生涯发展实践体系的系统结构的开放性在于能保持一种动态，这种状态下系统建立起 1 000 个不断与外界进行物质、能量、信息交换的通道，同时还具有抵御外界对它的侵犯的功能，维持自身的动态平衡。也正因如此，高校辅导员职业生涯发展实践体系的系统结构具有较强的自我调节功能，进而促进系统结构形成较强的自我稳定性，根据要素的变化保持有序状态。从组织结构来看，高校辅导员职业生涯发展的实践体系由目标系统、管理系统、发展系统、培养系统、评价系统以及环境系统六个子系统组成并相互作用，具体结构如图 5-1 所示：

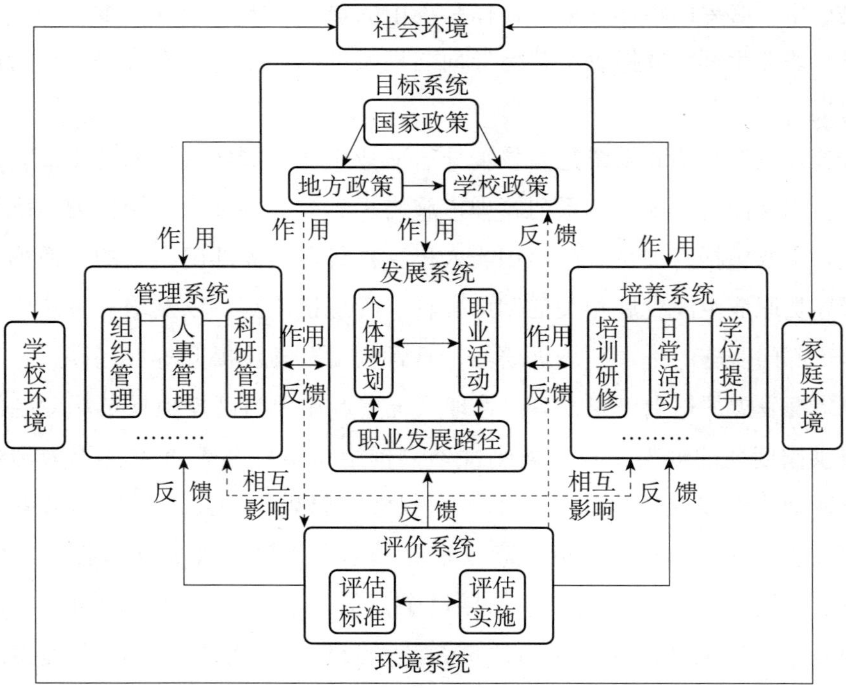

图 5-1　高校辅导员职业生涯发展实践体系结构图

高校辅导员职业生涯发展实践体系的目标系统处于整个系统的前端，是管理系统、发展系统、培养系统、评价系统及环境系统的前提，决定着整个系统结构运行的方向。目标系统所包含的因素主要是各级政策体系，其中，国家政策处于决定性位置，并直接影响到地方政策和学校政策的制定和执行，同时，地方政策又影响到学校政策，而学校政策则直接对高校辅导员职业生涯发展起到影响作用。目标系统处于上位，对其他系统起到必要的信息输入与导向的作用，其传递的信息包括显性制度与隐性制度两大类。显性制度主要包括各级部门下发的相关文件、通知，以及对辅导员职业生涯发展的相关规定及内容的界定等正式性制度，主要对高校辅导员职业生涯发展的各个环节起到一定的刚性约束作用；隐性制度则更多指自上而下传递的习俗习惯、伦理道德、文化传统以及价值观念与意识形态等内容，这些隐性制度作为非正式性政策存在，对高校辅导员职业生涯发展的各个环节并没有刚性约束，而是产生了必要的惯性约束。目标系统中的显性制度与隐性制度共同为高校辅导员职业生涯发展提供了目标导向与框架准则，是整个系统得以运行的基本前提。

管理系统和培养系统是高校辅导员职业生涯发展实践体系的重点，作为学校组织层面所实施的一系列管理措施与培养方案的集合，统称为组织管理系统，主要包括管理系统中组织、人事、科研等相关部门实施的一系列与高校辅导员职业生涯发展相关的制度文件、管理措施等，以及培养系统中主要由学工部门实施的一系列培训研修、日常活动、学位提升等促进高校辅导员职业生涯发展的培训培养方案。管理系统重点在于为高校辅导员职业生涯发展提供制度性的框架支撑，属刚性条例框定；培养系统重点在于为高校辅导员职业生涯发展提供条件性的平台保障，属柔性的发展措施。二者之间相互促进、相互影响，形成了高校辅导员职业生涯发展的外部支撑系统的重点，共同作用于发展系统中辅导员个体的职业生涯发展。同时，管理系统受到来自目标系统的作用与评价系统的反馈，一方面为各项管理措施与培养方案的制定提供了依据，另一方面为这些措施与方案的调整提供了参考。管理系统在对发展系统发挥作用的同时还接收其反馈信息，这种直接反馈是管理系统调整内容、提升针对性实效性的重要参考。

发展系统是高校辅导员职业生涯发展实践体系的核心所在，主要是指高校辅导员个体职业生涯发展的主要任务与基本过程。发展系统在受到其他系统影响与制约的同时，自身也是一个独立存在的单元。一方面，它反馈来自目标系统、管理系统与培养系统的作用，并整合配置有效信息制定个体的职业生涯发展规划，在具体的职业活动中不断实施，形成个体的职业发展路径。另一方面，发展系统还对管理系统与培养系统起到一定的反馈影响，个体职业发展的情况及时反馈至管理系统与培养系统，对这两个系统的不断调整工作方案提供实践依据。此外，发展系统还接收来自评价系统的反馈信息，并根据评价反馈情况及时调整个体职业生涯发展规划，改进职业活动，进而优化职业发展路径。发展系统是高校辅导员作为主体所进行的一系列实践活动，它具有强大的整合功能，将外界的信息、平台、资源整合到个体的职业生涯发展活动中，内化为自身的职业人格，外化为个体的职业活动，统合为职业发展的路径。这也是高校辅导员与其他职业群体的不同之处。高校辅导员职业的政治性、基层性、综合性等特征决定了其职业生涯发展实践体系中必须将外部信息整合为内在动力，推进整个职业生涯发展实践体系的运行。

评价系统是高校辅导员职业生涯发展实践体系的关键。在整个实践体系中，它仅受目标系统的影响，形成科学的评估标准与评估实施路径。它更重要的作用在于自下而上地传递来自其他系统的反馈信息。评价系统与目标系统是一对相互独立且相互作用的统一体，二者处于实践体系的两端，目标系统为其他系统提供导向与框架，而评价系统则为其他系统提供反馈信息与参考，前者是高校辅导员职业生涯发展实践体系“如何做”的问题，后者则是“做得好不好”的问题。评价系统主要由评估标准与评估实施两大因素构成，一般来说，职业生涯发展的评估包括高校辅导员个体的职业生涯发展情况与职业生涯发展的组织管理情况两方面，因此其评估标准与评估实施也需要分别进行。通过制定高校辅导员职业生涯发展评估的指标体系，运用自我评估、组织评估、督查考核等措施找准高校辅导员职业生涯发展中的问题并通过责令整改、发展建议等信息反馈形式，促进高校辅导员职业生涯发展形成多通道循环的实践体系，确保实践体系构成的科学化与运行的有序化。

任何事物都是在与环境的互动中不断发展的。高校辅导员职业生涯发展实践体系处于不断变化的环境中，其环境系统主要包括社会环境、学校环境与家庭环境。学校环境与家庭环境均是社会环境的重要组成部分，二者与社会环境形成相互影响的关系。在整个实践体系结构中，环境系统通过一种无形的方式影响着高校辅导员职业生涯发展实践体系的运行。社会环境作为一种大环境，主要对高校辅导员职业生涯发展目标系统的形成产生影响；学校环境作为高校辅导员赖以生存的物质、文化集合体，是管理系统与培养系统各项举措实施的关键影响因子；家庭环境是高校辅导员职业之外的生活空间，对个体的职业生涯发展时时刻刻都起到渗透的作用。可见，环境系统一方面为高校辅导员职业生涯发展实践体系提供条件；另一方面又制约着高校辅导员职业生涯发展实践体系的运行，具有鲜明的复杂性与开放性，在与各个系统相互影响的过程中，形成了整个实践体系结构整合的关键触点。

二、创建高校辅导员职业生涯发展实践运行的动态体系

列宁说过："如果不把不间断的东西割断，不使活生生的东西简单化、粗陋化，不加以划分，不使之僵化，那么我们就不能想象、表达、测量、描述运动。"[①] 为此，我们在分析高校辅导员职业生涯发展实践体系的动态运行过程时，必须分出若干个层次和环节，逐一加以分析和讨论。总的来说，高校辅导员职业生涯发展实践体系是高校辅导员作为主体，通过与目标系统、管理系统、培养系统、评价系统及环境系统相互作用，形成从空间上考虑的外循环和内循环，共同构成了一个相对完整的高校辅导员职业生涯发展实践体系的系统结构。

高校辅导员职业生涯发展实践体系的外循环主要是指系统间的循环过程，包括存在于环境系统中相互影响的大、小两个循环过程（在此未特别注明环境系统对循环过程的影响）。大循环是指目标系统与评价系统二者之间作用与

① 列宁．列宁全集：第55卷．2版修订版．北京：人民出版社，2017：219.

反馈的循环过程；小循环是指发展系统、管理系统、培养系统之间相互作用、影响的循环过程，具体结构如图 5－2 所示：

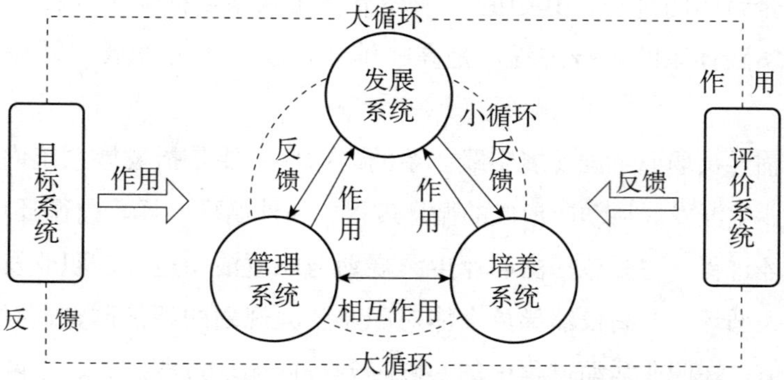

图 5－2　高校辅导员职业生涯发展实践体系外循环结构图

对高校辅导员职业生涯发展实践体系外循环过程可以做以下分析：首先，目标系统作用于小循环过程与评价系统，启动了高校辅导员职业生涯发展实践的运行，并对评价系统中评估指标体系的形成产生影响，目标系统对整个实践体系的运行起到了外在拉动的作用，是外在动力的本源。其次，小循环的三个系统相互作用，成为高校辅导员职业生涯发展实践体系运行的重点，管理系统与培养系统相互作用，并共同对发展系统中的辅导员个体产生影响，促进其职业生涯发展的顺利进行；与此同时，发展系统的运行情况对管理系统与培养系统产生反馈作用，即高校辅导员个体职业生涯发展的现实表现为组织管理工作提供了调整与改进的思路，这种反馈形成了三个系统间的闭路关系，成为小循环形成的关键链条。小循环的形成成为高校辅导员职业生涯发展实践体系运行的核心，确保了高校辅导员职业生涯发展体系的有效运转，是实践体系运行的内在动力所在。再次，评价系统对小循环的运行情况产生反馈作用，同时也对目标系统产生反馈作用，前者为小循环在运转过程中的往复运行提供调整策略与新的动力，后者打通了大循环形成的通道，为实践体系的循环运行提供动力支持。可以说，目标系统是高校辅导员职业生涯发展实践体系启动的原动力，评价系统则是其循环过程得以进行的不竭活力，即大循环形成高校辅导员职业生涯发展实践体系运行的外生动力源，小循环则产生内在动力源，二者共同成为高校辅导员职业生涯发展实践体系运行的总体框架与动力支撑。前文提到，外循环处于环境系统中，因此，该循环并非一个完全封闭的过程，其中的三个环节互相联系，推动了高校辅导员职业生涯发展实践体系的运行进程，是高校辅导员职业生涯发展的外在条件与内在保障。

高校辅导员职业生涯发展实践体系的内循环主要是指发展系统内高校辅导员个体职业生涯发展活动所形成的循环过程。和外循环一样，内循环也包括大、小两个循环过程，主要包括由职业生涯规划与职业活动过程、职业发展路径相互影响的大循环，与高校辅导员个体对职业生涯规划的评估调整、对职业发展路径的评估、在职业活动过程中的实践提升等内循环过程。大、小两个循环过程的运行使内循环形成一个稳固的闭路循环系统，具体结构如图 5－3 所示：

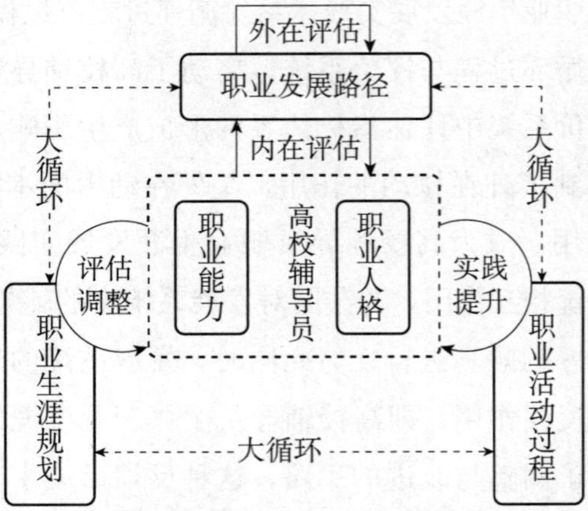

图 5－3　高校辅导员职业生涯发展实践体系内循环结构图

高校辅导员职业生涯发展实践体系的内循环过程通过以下环节来具体实现。一方面，高校辅导员个体进行职业生涯规划，通过自身的职业生涯规划内容不断在职业活动过程中实施，同时明晰自身的职业发展路径，并根据职业活动实践的情况提升自身的职业能力、完善职业人格，形成一定的职业发展路径。大循环结构也就此形成，此时，高校辅导员的职业发展路径存在应然的规划路径与实然的实践路径两种形态。另一方面，对两种形态的职业发展路径进行外在评估与内在评估。外在评估是辅导员通过观察、搜集、接收评估系统中传递的信息，及时对自身的职业生涯发展路径进行明确的判断；内在评估是高校辅导员主动找寻职业生涯发展路径现实与目标的差距，并及时向自己发出行为指令。评估之后，高校辅导员及时采取措施，对高校辅导员的职业活动过程与职业生涯规划进行一定的反馈，同时，高校辅导员对自身的职业生涯规划进行必要的改进和调整，以期实现职业生涯发展的目标。在内循环的过程中，高校辅导员通过两种基本路径实现自身的职业生涯发展：一是在职业活动过程中的实践提升，通过在职业活动中不断提升自身的职业能力、完善职业人格，实现职业生涯的发展；二是对职业生涯路径的评估，通过评估调整自身的职业生涯规划，进而在职业发展路径中不断前进，实现职业生涯发展的目标。前者是内在结构的完善，后者是外在路径的提升，二者在循环系统中不断发展，促进了高校辅导员的职业生涯发展实践体系的有序运行。高校辅导员职业生涯发展实践体系的内循环对系统结构的运行起到一定的调控作用，同时也为这一实践体系不断运行提供了强大的内在动力。

内、外两个循环过程相互作用、相互影响，共同确保了高校辅导员的职业生涯发展实践体系的顺利运行。内循环过程通过高校辅导员个体的反思、实践、评估等形成了充分的内在动力；外循环过程通过政策指令、组织策略、评价反馈等提供了必要的外在动力；内在动力与外在动力相互影响、共同作用，形成了一定的合力，为高校辅导员职业生涯发展搭建出一个有序、稳定的系统框架，成为高校辅导员开展职业活动与辅导员队伍建设的重要支撑。

三、高校辅导员职业生涯发展实践体系的模式优化

总体而言，高校辅导员职业生涯发展的实践体系依然是一种理想状态的理论架构，在实践中需要权衡各方关系，解决突出矛盾。从不同层次来看，要重点处理好几对关系：从实践主体看，要处理好自我发展与学生发展的互动关系；从发展内容看，要处理好全面发展与专长发展的均衡关系；从发展阶段看，要处理好终身发展与周期发展的衔接关系；从政策指导看，要处理好制度普适与分类指导的协调关系；从组织管理看，要处理好全面建设与监督评价的调控关系。

一是实现自我发展与学生发展的良性互动。高校辅导员职业生涯发展实践体系是围绕辅导员个体的职业能力提升、职业人格完善、职业路径发展等内容展开的，目标是促进高校辅导员职业生涯的发展。但同时，必须清楚地认识到，高校辅导员职业生涯发展的终极目标是促进学生的健康成长与发展，因此必须在高校辅导员的自我发展与学生发展之间建立起良好的互动关系，才能确保其职业生涯发展实践体系的稳定。高校辅导员的工作实践“是一种透过人的意识和情感作用进行的社会精神文化传播和生命意义、价值意识的精神产生过程，其认识过程是主体间的对话、理解、沟通和互动”①。高校辅导员是学生成长的人生导师和知心朋友，高校辅导员的职业活动本身就是辅导员和学生作为双重主体相互影响、相互作用的过程。二者的参与互动关系构成了高校辅导员职业活动实践提升要素，在整个实践体系中处于主导的位置，从整体上也影响、制约着实践体系的功能实现。因此，要从两个方面处理好高校辅导员自我发展与学生发展的互动关系：一方面，高校辅导员自身发展的目标是更好地服务于学生成长，因此其职业生涯发展实践体系的构建与运行都要围绕这个重点开展，切勿只观照辅导员的成长而忽略学生的发展；另一方面，高校辅导员要在促进学生发展的实践活动中不断提升自身的能力，以实现育人育己的终极目标，促进辅导员与学生关系的协调发展。

二是实现全面发展与专长发展的均衡匹配。所谓全面发展，是指高校辅导员在职业生涯发展过程中需要具备全面的知识能力，并要从职业能力、职业人格、职业路径多个维度共同发展；而专长发展则是指高校辅导员要在全面发展的基础上培育自身的发展优势，成为某个领域的专家。在国家颁布的《职业能力标准》中我们可以看出高校辅导员需要具备全面发展的基础和素质，其对辅导员所应具备的知识和能力做出了明确而又详细的规定与要求，指出高校辅导员要“具备宽广的知识储备，了解马克思主义哲学、政治学、教育学、社会学、心理学、管理学、伦理学、法学等学科的基本原理和基础

① 郭凤志，胡海波．从政治型到文化型：中国当代德育型态嬗变路向．东北师大学报（哲学社会科学版），2008（4）：42.

知识”，并具体列举出18条专业知识和若干法律法规知识的要求。同时，在初级、中级、高级三个级别的标准体系中，明确指出了9项职业功能，每一项职业功能都分别对应若干个工作内容和能力要求。这些均是高校辅导员职业能力提升所应了解、学习、掌握和运用的。高校辅导员还要注重自身职业人格的完善，在自身的心理素质、人格特征等方面进行完善，这是高校辅导员职业生涯发展过程中全面发展的基本内容。在高校辅导员职业生涯发展的过程中，很多人把这当作全部内容而忽略其专长发展。前文提到，高校辅导员职业生涯发展的理想通道是在职业化、专业化基础上形成了专家发展通道，即成为一名专家。在《职业能力标准》中，对高级辅导员的基本要求是“在思想政治教育工作某一领域有深入的研究并具备有影响力的成果，成为该领域的专家”。因此，全面发展的基本功和专长发展的能力均为高校辅导员职业生涯发展的重要内容。

三是顺利达成终身发展与周期发展的衔接。高校辅导员职业生涯发展是一个终身发展的过程，同时又有着一定的阶段性、周期性规律，在实践体系构建与运行的过程中必须要注重二者的衔接，才能确保其职业生涯发展的有序进展。对高校辅导员职业生涯发展而言，终身发展既是目标，又是路径；周期发展既是过程，又是规律。把握二者的衔接就是要注重目标与过程的互动、路径与规律的互动。首先，要在实践体系的目标系统中制定、融入、强调高校辅导员作为终身发展职业的重要元素，把终身发展作为高校辅导员职业生涯发展的基本前提，在管理系统和培养系统中贯彻终身发展的基本理念，为高校辅导员职业生涯发展提供最根本的保障。其次，还要在高校辅导员职业生涯发展实践体系中注重其发展的基本过程，把握周期发展规律，注重不同发展阶段的重点和任务，形成连贯、有序、合理的职业发展路径。最后，注重在终身发展的全程中关注周期发展的具体过程，同时把握周期发展过程的阶段性特征在终身发展中的关键作用，为高校辅导员职业生涯发展的目标与过程、路径与规律搭建互动平台，推动二者形成衔接互动的关系。形成高校辅导员职业生涯发展的终身发展与周期发展的衔接关系，是有效解决实践体系中辅导员职业生涯发展阶段相割裂这一矛盾的有效途径，也是保障高校辅导员职业生涯发展有序进行的关键所在。

四是把握制度普适与分类指导的协调矛盾。制度作为一种办事规程或行为准则，需要实施对象的共同遵守。高校辅导员职业生涯发展实践体系的制度框架在很大程度上也是如此：既是各级单位的工作准则，也是高校辅导员个体职业生涯发展的规范。在现行的实践框架中，高校辅导职业生涯发展的制度体系普适性有余而分类指导作用不明显，即现有的政策体系对高校辅导员的职业生涯的发展思路与方向、发展目标与内容、发展路径与方法等进行了顶层设计，但对不同类别、不同层次院校的辅导员以及不同发展阶段辅导员所进行的分类指导性制度还有待进一步细化。一是依据不同类别院校的高校辅导员出台有针对性的制度文件，以《职业能力标准》为例，所涵盖的标准体系在具体执行落实的过程中对部分高校并非完全适用，亟须出台相应配套文件加强《职业能力标准》的分类指导。二是对不同发展阶段的辅导员具有针对性指导，现有制度文件对辅导员职业生涯发展的培训培养环节较为关注，而关于辅导员的入职、转岗、离退休等关键节点的观照还不够，对不同发展阶段的辅导员也应有相关的分类指导意见，提升辅导员队伍建设的针对性、实效性。加强制度普适与分类指导的协调，就是在现有普适性制度的基础上，出台分类指导性的意见安排，增强高校辅导员职业生涯发展实践体系中管理系统和培养系统的政策针对性和可操作性，完善实践体系的内在结构与运行机理。

五是兼顾全面建设与监督评价的有效调控。当前，高校辅导员队伍建设处于高校思想政治教育工作的核心位置，可谓从国家到高校都在全面推进，取得了一定的成效。但在高校辅导员职业生涯发展实践体系的现实框架中，不难发现尚未形成前文所列的理想形态，关键在于对制度落实与工作推进的监督与检查还有待进一步加强，要增强实践体系中评价系统的监督评价力度，对各方面工作的全面推进进行有效的调控。重点在于：首先，对高校辅导员职业生涯发展的情况进行评估，通过制定评估标准、组建评估机构等方式，把高校辅导员职业生涯发展的目标、内容、路径等基本情况进行系统化评定，提出有针对性的评估结果与改进意见，并及时反馈至辅导员个体；其次，对高校辅导员职业生涯发展的组织管理情况进行督查，重点对高校辅导员队伍的结构、基本管理情况、培训培养情况进行检查，尤其对高校落实国家制度文件的相关情况与配套性文件的出台等方面进行重点督查，对高校辅导员队伍建设的总体进程进行有效调控，为高校辅导员职业生涯发展实践体系的运行提供必要的外部助力。全面建设与监督评价的调控，是高校辅导员职业生涯发展实践体系运行的充要条件，也是当前实践框架与理想形态存在差距的关键所在，是高校辅导员职业生涯发展亟待破解的重要矛盾点。

第三节　高校辅导员职业生涯发展实践体系构建的优化策略

高校辅导员职业生涯发展实践体系建构的原则属于基本规范与总体思路，理想形态则是针对各种问题而搭建的一个理论层面的实践框架。基于前文关于高校辅导员职业生涯发展实践体系的剖析，笔者认为新时期优化这一实践体系的运行，需要着力从体制机制、培训体系与培养模式三个方面下功夫。

一、优化体制机制

体制机制管长远，是提升工作针对性、实效性的关键所在。高校辅导员职业生涯发展的体制机制是高校辅导员职业发展的管理方式及其实践体系运行过程中各构成要素之间的稳定关系，属于高校辅导员队伍建设的组织管理问题。优化体制机制需要从实践体系的理论架构、实践运行、制度保障、考核评估四方面展开。

在理论架构方面，首先要对目标系统进一步明确内容和结构，从目标规划、方案选择、信息反馈等维度，评判目标系统的运行方式和运行效果。其次要对管理系统、培养系统、发展系统等组成的过程系统进一步分析，重点从主体表征、阶段控制、信息预警等维度，对过程系统的运行方式和运行效果进行评判。最后，要对评价系统中的评价标准进行分层分类的优化，对评价对象进行明确区分，对评估过程进行有效控制，对信息反馈进行及时细化，确保评价系统与其他系统形成良性互动的关系。上述三个层面的系统优化，事实上就是在总结经验和规律的基础上，为高校辅导员职业生涯发展实践体系的横向内容与纵向发展搭建横纵联动的载体，同时有效地将实践体系的各系统进行科学合理的对接，形成互动衔接的格局，并从高校辅导员个体的内在诉求与组织管理的外在条件出发，全面激发实践体系的运行动力，为实践体系科学运行提供内外保障。在横纵联动、互动衔接、内外保障三个方面对实践体系的优化实现了体制机制的良性互促，形成具有示范性和可操作意义的运行体系，为高校辅导员职业生涯发展实践体系优化提供具有针对性、实效性的理论框架。

在实践运行方面，须重点加强以下两方面工作。一是加强对辅导员队伍的重点督查。督查有助于对当前存在的问题进行有效把握，为及时进行有效的目标调整与措施改进奠定基础。此项工作应由教育部组织开展，会同中办督查室、中宣部、人社部等有关部门定期联合开展监督检查，重点解决高校辅导员的配备情况、发展平台、生活待遇等现实问题，建立各相关部门积极配合共同研究的联动机制，同时确保政策落地落实，从而真正了解当下高校辅导员队伍的整体结构、基本运行状况，为全面提升高校辅导员队伍的整体素质和队伍建设水平提供前提和基础性保障。大力推进《职业能力标准》落到实处，为高校辅导员成为可终身从事的职业提供积极的制度保障。同时，进一步明晰高校辅导员的工作职责，从国家层面明确高校辅导员的职业准入基本条件，各地各高校结合实际情况制定严格合理的选拔流程。注重过程评价，强化工作考评，建立辅导员工作评价标准，建立职业等级测评体系，试行高校辅导员职业等级认证制度，坚持定性和定量相结合、过程与结果相结合的基本原则，建立健全辅导员的绩效管理体系。二是加强对高校辅导员队伍的分类指导。由于不同类型院校在办学条件、规模以及人才培养目标、学生素质等方面确有不同，高校辅导员工作差异也较大。教育部、省级教育主管部门等应在辅导员队伍配备、培训、管理、发展等方面进行明确的分类指导。根据高校的办学类型及层次等实际情况，在高校辅导员的职能定位、准入门槛，以及职业化、专业化发展方面提出不同的要求。比如，对于研究生数量较多的研究型大学，可以侧重加强研究生辅导员队伍建设。同时，根据辅导员成长规律，建立多层次、分阶段的辅导员培养体系，完善高校辅导员学历提升办法，建立健全日常管理考核制度等，加强分类指导，增加高职高专院校和民办高校辅导员的培训培养机会，推进不同层次高校辅导员队伍的合理互动与良性发展。

在制度保障方面，要自上而下形成科学完备的制度体系。当前，国家已形成了一定的制度体系，接下来需要进一步完善考评制度，通过地方、高校、辅导员、大学生等不同主体反馈及高校辅导员职业生涯发展的过程、社会反馈等情况，建立科学系统的分层评价制度。同时，对高校辅导员职业生涯发展的重点任务层层分解，确保落实到位，实现量化评价。在制度体系的整体架构中，各省区市等地方教育主管部门应形成明确的指导意见，这也是当前高校辅导员职业发展制度体系较为欠缺之处。应及时形成有针对性的地方制度文件，并重点对省属院校、民办院校、专科院校的辅导员队伍建设情况加强指导，切实构建符合本地实际且能彰显地方特色的高校辅导员队伍建设体系，确保国家政策的有效落实，避免政策的“空转”。高校是整个制度体系落实的关键，在高校具体落实相关制度的过程中，需重点完善辅导员队伍管理制度。各高校要把国家和地方的政策文件精神贯彻到学校辅导员队伍建设的制度体系设计中，立足科学性的根本原则，积极落实中央精神，明确工作要求，结合队伍实际，全面贯彻国家和地方有关高校辅导员队伍建设的政策要求，对高校辅导员队伍建设进行顶层设计和统筹部署。在此基础上，结合学校的实际情况形成有针对性的高校辅导员编制管理、岗位职责认定、职务晋升、职级评定、教育培训、管理考核等方面的文件和规定，形成校本特色的高校辅导员队伍建设制度体系，使高校辅导员的职业化、专业化发展有法可依、有章可循。

在考核评估方面，要建立多指标、综合化的考评管理细则。科学合理的考评体系是保障辅导员职业生涯发展有序进行的重要手段，而只有立足于辅导员职业生涯发展的特点和实际，才能建立科学合理的考评机制。与专业教师和普通教职工不同，高校辅导员具有教师和干部的双重身份，不仅要学习理论知识，开展专业研究，还要完成岗位实践和面临业绩评估。这种特殊性要求我们在考核的过程中，要坚持三个基本原则：一是综合性原则，即构建涵盖“职业能力＋专业知识＋职业人格＋科研成果＋岗位实绩”等方面的多指标综合考核评价体系，将职业化、专业化要求落实到职业发展的每一个具体环节。深入研究综合性评价指标标准及操作指南，合理平衡各级评价指标间的关系，科学设计每个一级指标下二级维度的具体观测点，明确不因考核的多维性而降低实效性。二是全面性原则，既有目标评价，又有过程评价，将考评贯穿高校辅导员培养全过程。开展目标评价，要明确评价内容，统一评价标准，权重科学内容；开展过程评价，应坚持程序性要求，将辅导员职业生涯发展的各阶段与考评阶段对接，并明确每一阶段的基本任务，以辅导员是否完成各阶段任务为评价标准。三是系统性原则，即将辅导员职业生涯发展考核系统划分为自我评价子系统、组织管理评价子系统和主管部门工作评价子系统，明确各子系统评价的内容、标准及其评价结果的权重值，以实现辅导员职业生涯发展的量化考核，确保考核评价的科学性。

二、优化培训体系

培训是提升高校辅导员职业能力的重要路径，培训体系是高校辅导员职业能力提升的重要平台与载体，也是高校辅导员职业生涯发展实践体系的重要组成部分。优化培训体系，就是要进一步加强培训，强化辅导员定期培训的制度；健全国家、省级、学校三级培训体系，开展长期与短期、上岗与专题、国内与国外多形式的培训研修，不断规范课程、教材、师资建设，提高培训质量。建立规范化的岗前培训、专题培训、科研培训课程体系；组编出版高校辅导员培训和研修系列教材，明确思想政治教育专业研究生的方向，并编写出版专门教材；建设一支相对稳定、结构合理的辅导员培训队伍，确保队伍成员理论水平高、业务能力强，能够在日常思想政治教育、学生事务管理、就业指导、心理健康教育等方面对不同层次的辅导员开展有层次、有体系的培训。同时，要重点加强教育部高校辅导员培训和研修基地建设，按照全覆盖、有特色的要求，适当扩大基地规模，健全科学规范的工作评估机制，打造国家级示范培训品牌。加强思想政治教育学科建设，积极开展理论研究，推动理论创新，为思政工作提供强有力的学理支撑。

具体而言，优化培训体系需要从培训内容设计、培训教材体系和培训师资队伍三方面同时推进。在培训内容设计方面，瞄准辅导员职业生涯发展的实际需求，依托教育部辅导员培训和研修基地，研究设计三大板块的培训内容，即思想政治理论、辅导员专业素养、辅导员职业能力。每期培训班须在辅导员专业素养和职业能力两个板块选取培训课程，并选取一定学时的思想政治理论板块的培训课程。每期培训班需开设 12～16 学时（1.5 小时/学时）的培训课程。在培训形式方面，构建理论知识学习、职业能力提升、典型案例剖析等多种形式交互配合的培训板块。在培训教材体系方面，要积极吸收国内外研究关于大学生思想政治教育的前沿代表性理论成果，借鉴当前大学生思想政治教育的有效典型做法，根据三大板块培训内容，组织编写贴近辅导员工作实际的培训讲义与教材，通过集体备课等形式明确内容重点与培训思路，建设相对统一的培训教材体系，重点打造一批精品教材和精品课程。教育部高校辅导员培训和研修基地可定期组织专家开展集体研讨备课，更新教案相关内容。在培训师资队伍建设方面，要打造全国辅导员培训名师团队，遴选一批名师大家作为高校辅导员培训的师资队伍的重要来源。从思想政治教育领域的专家、相关学科领域的专家、优秀辅导员、学校党政领导等不同群体中选取既有理论功底又有实践经验的人员组成辅导员培训“名嘴讲师团”，全方位优化辅导员培训的师资配置。

在具体的实践操作中，根据《职业能力标准》《普通高等学校辅导员培训规划（2013—2017 年）》的具体内容，结合目前全国高校辅导员培训的实际情况，制定培训体系的优化方案。在课程内容上，根据三大板块的设计，拟定培训的专题与课程的主题。每期培训须从专业素养提升和职业能力培养两大板块中选取专题，并须在思想政治理论教育选取一定学时课程。不同专题须由各培训单位设计相关内容的分组讨论、案例交流、现场教学、团体辅导、工作坊等实践类课程。具体草案见表 5－1：

表 5－1　全国高校辅导员培训课程建设草案

<table>
<tr><th>板块</th><th>专题</th><th>课程主题</th></tr>
<tr><td>思想政治理论教育</td><td colspan="2">马克思主义中国化的历史分析与现实审视
中国特色社会主义理论体系的内涵解读
培育和践行社会主义核心价值观
文化安全与文化强国
当代社会思潮评析
两会精神/教育政策解读
哲学、政治学、教育学、社会学、心理学、管理学、伦理学、法学等学科的基本原理和思想政治教育</td></tr>
<tr><td rowspan="3">专业素养提升</td><td>思想政治教育理论</td><td>思想政治教育基本理论问题
思想政治教育理论热点问题
思想政治教育前沿问题
＊分组讨论课程</td></tr>
<tr><td>思想政治教育研究方法</td><td>思想政治教育研究的基本问题
思想政治教育研究的基本方法
思想政治教育课题研究
思想政治教育的论文撰写规范
＊工作坊</td></tr>
<tr><td>思想政治教育实践创新</td><td>思想政治教育工作的发展历程与现状
思想政治教育工作的新形势与新任务
提升思想政治教育工作科学化水平
＊分组讨论课程</td></tr>
<tr><td>职业能力培养</td><td>辅导员队伍建设</td><td>《职业能力标准》解读
高校辅导员工作转型与能力提升
高校辅导员队伍职业化建设与专业化发展
辅导员工作精品项目的设计与实施
＊分组讨论课程
＊工作坊</td></tr>
</table>

续表

板块	专题	课程主题
职业能力培养	学生事务管理	班级建设与管理 寝室文化建设 大学生党建工作创新与实践 辅导员日常事务管理工作的技巧 突发事件应急管理体系建设理论与实务 学生事务管理中的法律问题 中外学生事务管理的比较 * 分组讨论课程 * 案例交流课程
	心理健康教育	大学生心理健康教育工作模式创新 大学生常见心理问题的识别与干预 大学生心理疾病的识别与干预 大学生心理危机干预 大学生自杀事件的预防与干预 团体辅导理论与实践 大学生心理咨询理论与实务 * 团体辅导课程 * 案例交流课程
	网络思想政治教育	网络思想政治教育的理论与实践 新媒体与思想政治教育工作创新 网络文化环境的特点与影响 网络传播与媒介素养 网络舆情监控与引导 网络安全与网络治理 * 现场教学课程 * 案例交流课程
	职业生涯规划	大学生职业生涯规划的理论与实践 大学生职业生涯规划辅导 创新人才培养与大学生职业素养提升 大学生创新创业教育理论与实践 国际视野下的高校创新创业教育 * 现场教学课程 * 团体辅导课程

在师资队伍和教材编写方面，充分发挥全国高校思想政治教育研究会、学科领域众多专家学者的力量，根据培训课程的板块和专题设计，将全国知

名专家、全国高校思想政治教育研究会学术委员会成员、思想政治教育中青年杰出人才支持计划成员、学校党政领导和相关部门负责同志、优秀辅导员代表分别安排至不同专题，各版块师资队伍同时负责本版块教材编写。具体草案如表 5－2 所示：

表 5－2　全国高校辅导员培训师资队伍及其教材编写草案

<table>
<tr><th>板块</th><th>专题</th><th>师资队伍和教材编写成员</th></tr>
<tr><td>思想政治理论教育</td><td colspan="2">全国知名思想政治教育专家
全国高校思想政治教育研究会学术委员会成员</td></tr>
<tr><td rowspan="3">专业素养提升</td><td>思想政治教育理论</td><td rowspan="3">思想政治教育中青年杰出人才支持计划成员
学校党政领导和相关部门负责同志</td></tr>
<tr><td>思想政治教育研究方法</td></tr>
<tr><td>思想政治教育实践创新</td></tr>
<tr><td rowspan="5">职业能力培养</td><td>辅导员队伍建设</td><td rowspan="2">学校党政领导和相关部门负责同志
优秀辅导员代表</td></tr>
<tr><td>学生事务管理</td></tr>
<tr><td>心理健康教育</td><td>全国普通高等学校心理健康教育专家指导委员会成员
学校党政领导和相关部门负责同志</td></tr>
<tr><td>网络思想政治教育</td><td rowspan="2">思想政治教育中青年杰出人才支持计划成员
学校党政领导和相关部门负责同志</td></tr>
<tr><td>职业生涯规划</td></tr>
</table>

三、优化培养模式

高校辅导员职业生涯发展实践体系的优化，重点在体制机制，关键在培养模式。当前，各地各高校对高校辅导员职业生涯发展普遍存在着重培训、轻培养的问题，因此，优化培养模式是对现有实践体系全面优化的关键节点。然后，高校辅导员培养又是一个长期、复杂的系统工程，因此需要从培养体系的建构、培养方式的创新、培养机制的畅通等方面着重加强。

一是建立多向度、模块化的培养体系。需要明确的是，高校辅导员的培养目标是要培养复合型、应用型的思想政治教育工作者。合理的培养体系设计对这一目标的实现至关重要，建立多向度、模块化的培养体系是满足高校辅导员发展的科学合理设计。多向度，是指高校辅导员培养应从学科背景、工作院系和理论及实践统一等向度进行培养体系设置。从学科背景来看，高校辅导员的培养体系应彰显多学科、交叉性特点，涵盖思想政治教育学、政治学、心理学、社会学、管理学和教育学等多个学科，满足高校辅导员职业生涯发展的知识需要；从工作院系角度来看，高校辅导员培养体系应包括学校培养与学院培养两大板块；从理论和实践统一角度来看，高校辅导员培养体系应涵盖理论学习和实践应用。模块化，是指高校辅导员培养应建立横向并列、纵向发展的培养模块。具体来说，包括以下四个基本模块：(1) 探索适应期的专业知识必修模块。主要包括对思想政治教育、教育学、管理学、心理学等相关学科基础知识的培训等。(2) 发展成长期的学位提升模块。主要针对本科学历辅导员提供在职攻读思想政治教育及相关专业硕士学位提升的机会，针对硕士研究生学历辅导员提供在职攻读思想政治教育及相关专业博士学位的机会。(3) 高原倦怠期的实践锻炼模块。主要是为辅导员提供必要的挂职锻炼、实践体验、校际交流的机会。(4) 成熟稳固期的课题研修模块。主要是为发展较为成熟的辅导员提供组建课题组的平台，对工作中的现实问题进行科研突破，提升自身的理论水平。当前，不同层次、不同类别高校辅导员的校本培训体系之间具有较强的差异性，建议教育主管部门组织思想政治教育专家，分别就不同层次类别、不同办学特色的高校给出相应的培养体系指导框架，形成科学合理的操作性强、针对性强的培养方案，形成多向度、模块化的高校辅导员培养体系。

二是构建高校辅导员“成长共同体”模式，确保培养体系高效落实。“共同体”是社会学概念，是一种区别于“社会”概念的基本存在形态。其内涵发展演变至今天，主要衍生出了“学习共同体”“实践共同体”[①] 等基本概念，这里的高校辅导员“成长共同体”主要是指高校内部的基于特定目的而创建的正式的高校辅导员成长发展小组，是为了改进工作实践和促进自身职业发

---

① 著名教育家杜威在《民主主义与教育》一书中就反复提道，“共同体中共同的了解，以及达到这些共同性的沟通过程，本身就具有教育性”。美国学者塞尔乔瓦尼（Thomas J. Sergiovanni）在美国教育研究协会举办的一次会议上倡议将“学校”的隐喻从“组织”转换为合作的“学习共同体”，认为这样的转向将激发教师、学生、领导层的动机，为学校运营管理带来重要的变化。瑞士教育理论家温格（Wenger）将“实践共同体”定义为由一群有着共同关注点和兴趣，通过有规律的相互交流来促进专业水平提高的个体组成的团体。所谓“实践共同体”是指我们经常参与的、为了共同的目的而形成的各种团体，然而它不仅仅是一个团体，长时间的相互交流让这个团体的每一位成员逐渐拥有一系列的共同点。

展而形成的一种具有互动性、发展性的相互协作、共同探究的同事关系。高校辅导员“成长共同体”作为一种关于成员间的社会性安排，为不同发展阶段的辅导员提供了共同发展的社会交互机会，并以活动为载体形成了多层次的参与形式：边缘与核心、知识与技能、现场与虚拟等。辅导员在参与“成长共同体”的过程中也确立了自身的身份，把原来孤立的自我成长模式转变为集体合作建构的过程。在具体实践层面，高校辅导员“成长共同体”主要从横纵两个维度构建。在纵向上，成立高校辅导员“年级组”，即将全校辅导员按照所带学生的年级分为不同的小组，以成熟辅导员为主要负责人，每个小组配备专门的导师，定期召集组员开展工作研讨、案例分享、工作坊、业余沙龙等活动。年级组的“成长共同体”形式为辅导员共享案例、交流研讨搭建了平台，能够形成健康的团队文化，进而改善工作氛围，促进参与者在与不同学院辅导员的工作交流中成长发展。在横向上，组建高校辅导员工作室，以特色工作项目立项的方式，由辅导员根据个人兴趣和工作特色组建团队，完成辅导员工作室的组建、运行、管理、活动开展、成果输出等工作。这种方式就是通过合作互助的形式打造优秀的辅导员工作团队，在打造工作品牌、创新工作方式、凝练工作成果的同时促进团队成员的成长发展。横纵联动的高校辅导员“成长共同体”是优化培养模式、落实培养体系的创新做法，通过高校辅导员的自我教育、自我管理，有效地实现其职业生涯发展，促使诸多问题在“成长共同体”中有效解决。

三是构建“问题导向”式的科研机制。高校辅导员工作是一项实践性、应用性极强的专业工作，高校辅导员培养与其他群体不同，在提升其专业素养的同时还应立足实践，突出实效性，只有这样才能把高校辅导员的专业化发展转化为提高高校辅导员思想政治素质、增强辅导员实践工作能力的助推器。提升科研水平是促进高校辅导员专业化发展的重要指向，因此，加强科研管理是提高高校辅导员培养水平的有机组成部分，建立“问题导向式”的科研管理机制是实现高校辅导员有效培养的关键。具体来说，就是要做到四点：其一是建立科研项目导向机制。根据大学生思想政治教育实践和理论中遇到的问题，设置专项科研基金，设计科研项目，规范项目申请、中期检查、成果验收的体制机制，组建课题评审专家组，严守辅导员科研项目的入口和出口。这既有利于调动辅导员的科研积极性，又有助于破解大学生思想政治教育实践和理论的新问题、真问题和大问题。其二是加强高校辅导员科研能力培养。建立重大项目介入机制，即在入职之初，就根据高校辅导员硕士、博士的研究方向和兴趣，把他们编入培养单位现有的各种省部级高层次课题项目组，通过科研实践增强他们的问题意识和科研能力。组建高校辅导员科研团队，培养高校辅导员科研团队精神，增强集体攻关能力。其三是完善高校辅导员科研考评机制。将科研项目考评与工作考核紧密相连，参照职称评聘的标准，对高校辅导员晋级所应承担项目、发表论文的级别和数量做出明确规定。其四是实施双导师制，即聘用从事思想政治教育专业研究的理论导师和从事学生工作实务的实践导师，共同组建导师组，全面指导高校辅导员的科研能力与工作实践。理论导师负责指导辅导员的专业学习、科研活动，实践导师则负责指导学生进行工作实践。

参考文献

经典文献：

马克思，恩格斯．马克思恩格斯选集（第1～4卷）.3版．北京：人民出版社，2012.

列宁．列宁选集（第1～4卷）.3版．北京：人民出版社，1995.

毛泽东．毛泽东选集（第1～4卷）.2版．北京：人民出版社，1991.

毛泽东．毛泽东文集（第7、第8卷）．北京：人民出版社，1998.

邓小平．邓小平文选（第1～3卷）.1版，2版．北京：人民出版社，1993，1994.

江泽民．江泽民文选（第1～3卷）．北京：人民出版社，1994.

习近平．习近平谈治国理政．北京：外文出版社，2014.

学术著作：

张耀灿，徐志远．现代思想政治教育学科论．武汉：湖北人民出版社，2003.

张耀灿，陈万柏．思想政治教育学概论．武汉：湖北科学技术出版社，1995.

郭凤志．德育文化论．长春：吉林人民出版社，2005.

冯刚．辅导员队伍专业化建设理论与实务．北京：中国人民大学出版社，2010.

张再兴．高校辅导员队伍建设理论与实践．北京：人民出版社，2010.

朱正昌．高校辅导员队伍建设研究．北京：人民出版社，2010.

翁铁慧．高校辅导员队伍建设论纲．北京：人民出版社，2014.

李忠军．高校辅导员主体论．北京：光明日报出版社，2011.

沈壮海．思想政治教育有效性研究．武汉：武汉大学出版社，2008.

佘双好．辅导员如何开展科学研究．北京：高等教育出版社，2013.

夏晓虹，刘欣堂．高校辅导员践行立德树人新视野．北京：中国文史出版社，2015.

赵睿，等．高校辅导员职业生涯管理研究．北京：中国书籍出版社，2012.

刘海春．高校辅导员职业生涯发展教程．北京：人民出版社，2009.

霍晓丹．高校辅导员的素质标准与开发：基于胜任力模型的分析．北京：北京大学出版社，2013.

耿乃国．高校辅导员工作理论与实务．北京：北京师范大学出版社，2011.

李莉．高校辅导员专业化发展研究．南京：东南大学出版社，2011.

周家伦．高校辅导员：理论、实务与开拓．上海：同济大学出版社，2011.

胡金波．高校辅导员职业化发展研究．苏州：苏州大学出版社，2010.

王小红．高校辅导员工作的理论与实践．北京：北京大学出版社，2010.

黄晓波．学生工作专业化系统与辅导员核心能力构建．北京：北京师范大学出版社，2010.

陈建文．高校辅导员胜任特征的心理学研究．武汉：华中科技大学出版社，2015.

杨建义．高校辅导员专业成长研究：基于思想政治教育学科的视野．北京：社会科学文献出版社，2014.

黄签名．辅导员价值论．天津：天津大学出版社，2013.

周良书，朱平．中国高校辅导员工作史论．北京：人民出版社，2016.

徐磊．高校辅导员工作研究．北京：中国文联出版社，2016.

江沈红．高校辅导员教师身份内涵及身份实现路径研究．武汉：武汉大学出版社，2016.

白永生．新时期高校辅导员队伍建设的研究与思考．北京：光明日报出版社，2016.

贝静红．高校辅导员队伍专业化发展研究．武汉：武汉大学出版社，2016.

杨亚庚．高校辅导员职业发展与价值实现．长春：东北师范大学出版社，2015.

叶玉清．高校辅导员工作课程化模式的理论与实践．沈阳：东北大学出版社，2014.

唐德斌．职业化背景下高校辅导员的专业化发展．成都：四川人民出版社，2013.

曾昭皓，李卫东．高校辅导员职业化的反思与建构．桂林：广西师范大学出版社，2013.

张再生．职业生涯管理．北京：经济管理出版社，2002.

赵曙明．人力资源战略与规划．北京：中国人民大学出版社，2002.

罗双平．职业生涯规划．北京：中国人事出版社，1999.

廖泉文．人力资源管理．上海：同济大学出版社，1991.

张德主．组织行为学．北京：清华大学出版社，2000.

滕云．高校辅导员职业化研究．上海：上海交通大学出版社，2013.

关培兰，张爱武．职业生涯设计与管理．武汉：武汉大学出版社，2009.

石建勋．职业生涯规划与管理．北京：清华大学出版社，2012.

周文霞．职业生涯管理．上海：复旦大学出版社，2006.

程振响．教师职业生涯规划与发展设计．南京：南京师范大学出版社，2009.

莱文森．职业生涯的设计和管理．李特朗，侯剑，译．北京：商务印书馆，2010.

哈林顿，等．职业生涯规划与管理．张星，译．北京：机械工业出版社，2013.

诺伊，等．人力资源管理．刘昕，译．北京：中国人民大学出版社，2001.

格特里奇，等．有组织的职业生涯开发．李元明，吕峰，译．天津：南开大学出版社，2001.

巴鲁．职业生涯管理教程．陈涛，孙涛，译．北京：经济管理出版社，2005.

谢克．职业生涯管理：第3版．王伟，译．北京：清华大学出版社，2006.

叶澜，白益民，王枬，等．教师角色与教师发展新探．北京：教育科学出版社，2001.

期刊论文：

郑永廷．高校辅导员工作专业化理论与方法探索：《高校辅导员工作专业化理论与方法丛书》序．思想教育研究，2009（3）．

郑永廷．高校辅导员工作专业化的任务与实现方式．高校辅导员，2010（1）．

冯刚．坚持质量导向和内涵发展　努力提高高校辅导员队伍建设科学化水平．思想教育研究，2012（11）．

冯刚．论辅导员的专业化培养和职业化发展．思想教育研究，2007（11）．

冯刚．高校辅导员队伍专业化、职业化建设的发展路径：《普通高等学校辅导员队伍建设规定》颁布十年的回顾与展望．思想理论教育，2016（11）．

杨晓慧．加强高校辅导员培养　推进队伍专业化建设．高校理论战线，2008（5）．

杨晓慧．培训培养与高校辅导员队伍专业化研究．思想理论教育，2008（13）．

杨晓慧．深入推动高校辅导员队伍专业化建设的几个着力点．思想教育研究，2013（8）．

杨晓慧．高校辅导员主体论探析．东北师大学报（哲学社会科学版），2010（6）．

李忠军．高校辅导员职业特性分析．高校辅导员，2010（4）．

李忠军．以职业能力建设为核心推动高校辅导员队伍专业化发展．思想理论教育，2014（12）．

李忠军．关于高校辅导员本质的几点探讨．东北师大学报（哲学社会科学版），2010（6）．

沈壮海．辅导员如何做科研．思想政治教育研究，2012（3）．

刘建军．辅导员如何提升理论素养．高校辅导员，2014（4）．

卢黎歌，魏新强．基于胜任力模型的高校辅导员选拔机制研究．高校辅导员学刊，2011（3）．

高国希，刘承功，陈郭华．如何认识辅导员职业发展与职业生涯规划．思想理论教育导刊，2009（6）．

彭庆红，李慧琳．组织主导型高校辅导员职业生涯开发与管理模式初探．思想教育研究，2012（8）．

孙其昂，魏永军．高校“职业辅导员”的理念与队伍建设．思想政治教育研究，2007（1）．

金昕．浅论高校辅导员的审美自觉．东北师大学报（哲学社会科学版），2010（6）．

高地．高校辅导员队伍专业化建设的探索与实践．思想教育研究，2013（4）．

高地．高校辅导员职业信念形成机制论析．东北师大学报（哲学社会科学版），2010（6）．

韩丽颖．新时期高校辅导员职业活动的运行机理探究．东北师大学报（哲学社会科学版），2010（6）．

白显良．论高校辅导员人生导师的角色定位．高校辅导员，2016（1）．

李永山．构建以能力为导向的高校辅导员分层培训体系．思想理论教育导刊，2016（4）．

李永山．以职业能力为导向加强高校辅导员专业人才培养：基于《高等学校辅导员职业能力标准（暂行）》的分析．思想教育研究，2015（9）．

柏路．高校辅导员科研能力形成的运行机理．思想理论教育，2013（19）．

曹威威，郝明宇．高校辅导员主体性及角色新定位探析．高校辅导员，2013（1）．

叶绍灿，王峰．高校辅导员职业生涯规划的内容、原则与模型．高校辅导员学刊，2010（4）．

陈奎庆．高校青年辅导员职业倦怠分析及干预研究．中国青年研究，2009（10）．

马林海．行动学习：高校辅导员培训模式创新的突破口．思想教育研究，2010（9）．

张立兴．高校辅导员制度的沿革进程考察．思想理论教育导刊，2009（4）．

刘刚．我国高校辅导员制度的历史演进．思想政治教育研究，2009（4）．

王道阳．我国高校政治辅导员制度的历史演变．思想教育研究，2007（5）．

秦涛，刘伟．借鉴与思考：高校辅导员队伍建设的趋势研究．思想教育研究，2009（S1）．

张益．高校辅导员职业能力分级培训体系的层级图式模型建构研究．思想教育研究，2015（4）．

罗涤，李华．胜任力理论及高校辅导员选聘机制的优化．重庆大学学报（社会科学版），2007（4）．

王显芳，王肖肖．新时期辅导员队伍专业化发展的困境、机遇及途径．思想教育研究，2015（4）．

周慧莲，王锴，李晓波．人职匹配视域下高校辅导员职涯高原的应对策略．学校党建与思想教育，2015（17）．

朱俊英，王群．加强高校辅导员自我认同的研究．思想理论教育，2015（10）．

赵宏．地方高校辅导员专业化持续性动力缺失的原因分析与应对：基于博弈论视角．思想政治教育研究，2015（5）．

王戎．新形势下高校辅导员专业化发展路径探析：高校辅导员分类分级发展模式构建．思想理论教育，2015（12）．

朱静．高职辅导员职业化发展的现实困境与干预策略．学校党建与思想教育，2015（24）．

荆德亭．高校辅导员形象构成及其实现．思想理论教育，2016（1）．

焦佳．高校辅导员职业能力提升路径探究．思想理论教育，2016（2）．

杜鹏．提升高校辅导员科研能力探绩．学校党建与思想教育，2016（4）．

王爱祥．高校辅导员职业发展评估与分析：基于E校2005—2015年辅导员流动的实证研究．思想理论教育，2016（3）．

罗山鸿．论辅导员学构成与学科依托性发展．思想理论教育，2007（23）．

张华敏．高校辅导员主体性研究：兼论辅导员队伍可持续发展的路径．学校党建与思想教育，2016（10）．

刘宏达，潘开艳．现代大学制度推进中加强辅导员队伍建设的实施策略．思想理论教育，2016（7）．

李琳．高校辅导员职业能力提升的三维考察．思想理论教育导刊，2016（7）．

祁明．高校辅导员队伍专业化、职业化建设面临的新挑战与新任务．思想理论教育，2016（8）．

杨建义．高校辅导员队伍专业化建设的回顾与展望．思想理论教育，2016（8）．

魏善春．建构自组织学习共同体：高校辅导员专业化发展的新视界．思想理论教育，2016（8）．

陈勇，朱平．高校辅导员“双重身份”的现实与未来．思想理论教育导刊，2016（10）．

常慕佳，刘三明．高校辅导员职业化发展现状及建议．思想理论教育导刊，2016（8）．

向晋文．学习型组织视角下高校辅导员发展路径探析．思想教育研究，2016（9）．

程海云．高校辅导员职业思维：问题、转向及其优化：基于《高等学校辅导员职业能力标准（暂行）》的思考．思想理论教育，2016（10）．

吴巧慧．高校辅导员教师身份的形成、发展及功能探析．思想理论教育导刊，2016（10）．

郑育琛．高校辅导员职业认同与路径选择的质性研究．思想理论教育，2016（11）．

王习胜．高阶思维：专家型辅导员的必备素养．思想理论教育，2016（11）．

楼艳，叶文．基于导师制的团队合作辅导员专业化发展模式探索．思想理论教育，2017（1）．

钟敏．简论高校辅导员从“经验型”到“专家型”的转变．学校党建与思想教育，2017（3）．

许磊，陈九如．从规约到自律：高校辅导员职业守则内化与职业人格的完善．学校党建与思想教育，2017（3）．

朱平，乔凯．高校辅导员配置和工作模式的改革与创新：以促进辅导员职业化专业化为目标的考察．学校党建与思想教育，2017（3）．

龚伟，张正光．高校辅导员职业认同机制建构：基于施恩职业发展运动形式理论的视角．思想理论教育，2017（2）．

祖磊，张炜，律晶晶．基于人格特质的辅导员职业倦怠研究．学校党建与思想教育，2017（4）．

袁尚会．辅导员专业化的基本内涵及实现途径．学校党建与思想教育，2017（4）．

周涛．辅导员核心职业能力建设探析．思想政治教育研究，2014（6）．

叶绍灿，李永山，钟军．基于结构方程的高校辅导员职业生涯规划研究．中国青年研究，2015（9）．

张莉，鲁萍，杜涛．高校辅导员职业能力提升与专业化发展研究．思想理论教育导刊，2015（8）．

曹麒麟，李向成．高校辅导员职业生涯发展的对策研究．思想理论教育导刊，2009（2）．

张杰，王庚．论高校辅导员职业发展能力的培养．思想理论教育导刊，2009（8）．

程德华．高校辅导员职业生涯高原现象的应对．思想政治教育研究，2009（4）．

徐瑾．高校辅导员职业生涯发展内驱力研究．思想理论教育，2011（7）．

何菊仙．高校辅导员“职业高原”问题的成因与对策．思想教育研究，2011（7）．

张宏如．高校辅导员职业能力研究．思想理论教育导刊，2011（9）．

陈道华．高校辅导员职业倦怠的成因及对策．思想教育研究，2007（2）．

赵睿．职业生涯管理与辅导员职业化发展．思想理论教育，2007（19）．

赵瑞君．加强辅导员职业生涯规划研究　推动辅导员职业化发展．思想教育研究，2007（11）．

唐文红．高校辅导员职业生涯规划与发展探究．学校党建与思想教育，2010（1）．

湛风涛．高校辅导员职业能力建设探析．思想理论教育导刊，2012（12）．

杨建义．辅导员职业能力状况与专业化发展：基于就业能力模型的分析．思想理论教育，2014（3）．

崔海英．论高校专家型辅导员职业发展路径．教育与教学研究，2014（8）．

陈楠，王奋．我国高校辅导员职业生涯管理探析．高等教育研究，2006（4）．

张再生，肖雅楠．职业生涯发展理论及中国本土新现象：隐喻视角分析．东北大学学报（社会科学版），2008（4）．

马小辉，郑秀红．职业生涯发展辅导初探．中国大学生就业，2005（16）．

廖泉文．职业发展道路的三维策划．厦门大学学报（哲学社会科学版），1998（2）．

王忠军，龙立荣．西方职业生涯成功研究现状及展望．经济管理，2007（13）．

龙立荣，方俐洛，凌文辁．组织职业生涯管理与员工心理与行为的关系．心理学报，2002（1）．

龙立荣，方俐洛，凌文辁．组织职业生涯管理及效果的实证研究．管理科学学报，2002（4）．

刘天祥．职业生涯管理作用机制研究：以IT产业知识型员工为例．大连理工大学学报（社会科学版），2009（1）．

楼仁功，赵启泉．大学生职业生涯规划指导的探索与实践．中国高教研究，2002（6）．

张革华，彭娟．思想政治教育主导性视域下的大学生职业生涯发展教育审思．思想教育研究，2013（1）．

阮海涛．高校学生工作者职业生涯发展规划探讨．中国大学生就业，2003（8）．

伍新春，曾玲娟．透视教师职业倦怠．中国教师，2003（4）．

周菲，白晓君．国外心理边界理论研究述评．郑州大学学报（哲学社会科学版），2009（3）．

朱晓红．基于“第二曲线”理论的高校教师职业生涯周期研究．河南师范大学学报（哲学社会科学版），2011（6）．

李海林．教师二次成长论：卓越型教师的成长规律与成长方式．今日教育，2015（1）．

袁怀敏．成熟型教师二次成长路径研究．中国教育学刊，2013（S3）．

舒尔曼，王幼真，刘捷．理论、实践与教育的专业化．比较教育研究，1999（5）．

学位论文：

李晓娟．高校辅导员工作学基本问题研究．重庆：西南大学，2012.

史慧明．高校辅导员职业伦理研究．南京：南京师范大学，2012.

申雪寒．高校辅导员管理机制论．长春：东北师范大学，2015.

龚春蕾．高校辅导员职业化专业化问题研究．上海：华东师范大学，2011.

赵君．新时期我国高校思想政治教育管理队伍建设研究．武汉：华中师范大学，2008.

朱红春．职业化背景下高校辅导员能力发展研究．天津：天津大学，2010.

陈正芬．我国高校辅导员制度研究．重庆：西南大学，2013.

赵海丰．高校辅导员制度的演进与发展趋势研究．沈阳：辽宁大学，2014.

史仁民．高校辅导员专业发展研究．大连：辽宁师范大学，2014.

杨亚庚．我国高校辅导员职业发展研究．长春：东北师范大学，2014.

梁涛．高校辅导员胜任力、自我效能感与工作绩效的关系研究．武汉：武汉大学，2012.

叶绍灿．高校辅导员职业生涯规划研究．合肥：合肥工业大学，2015.

张立鹏．应然·实然·适然：我国高校辅导员角色的三维考量．石家庄：河北师范大学，2015.

韩泽春．基于高校辅导员专业化的教育知识管理研究．长春：东北师范大学，2015.

张明志．基于团队角色理论的高校辅导员胜任力提升研究．重庆：西南大学，2016.

靳玉军．高校辅导员素质开发研究．重庆：西南大学，2008.

姜涛．高等教育大众化背景下的辅导员影响力研究．沈阳：辽宁大学，2015.

郑晓娜．高校辅导员职业化研究．沈阳：辽宁大学，2015.

李鹏．我国高校辅导员队伍专业化职业化建设研究．北京：中国矿业大学（北京），2015.

何萌．高校辅导员核心能力建设问题研究．济南：山东大学，2016.

刘丽娜．我国高校辅导员队伍职业化建设研究．长沙：湖南大学，2007.

陈璇．高校辅导员职业生涯管理研究．杭州：浙江工业大学，2012.

何萌．高校辅导员核心能力建设问题研究．济南：山东大学，2016.

邓雪琳．我国高校管理队伍专业化研究．长沙：湖南大学，2004.

刘宏达．高校政工干部专业化问题研究．武汉：华中师范大学，2003.

寇冬泉．教师职业生涯高原：结构、特点及其与工作效果的关系．重庆：西南大学，2007.

于泳红．职业生涯决策整合模型研究．上海：华东师范大学，2004..

顾倩妮．中国管理者职业生涯成功主观感受的研究．上海：复旦大学，2013.

陈岩松．基于胜任力的高校辅导员绩效评价研究．南京：南京航空航天大学，2011.

喻剑利．无边界职业生涯倾向与职业生涯管理关系研究．大连：大连理工大学，2014.

符谢红．易变性职业生涯路径研究．上海：东华大学，2013.

报纸文献：

张兴华．让辅导员成为旗帜．人民日报，2008－04－10（13）．

董洪亮．与时俱进采取措施　着力建设一支高水平的高校辅导员队伍．人民日报，2006－04－29（4）．

敬业的高校辅导员，如何更专业．光明日报，2015－07－23（15）．

高校辅导员职业发展三策．光明日报，2015－07－23（15）．

王立仁，孟晓光．加强高校辅导员队伍建设的战略意蕴．光明日报，2009－06－27（7）．

童文胜，蔡海洋．高校辅导员的职业化困境．光明日报，2015－06－16

(14).

靳敏，刘新．促进高校辅导员职业化．光明日报，2009-05-20（7）．

彭军，蔡运花．高校辅导员亟须专业化．光明日报，2012-02-29（16）．

陈鹏．高校辅导员怎样离学生更近一点．光明日报，2015-07-13（6）．

高祥阳．把握高校辅导员多重定位．光明日报，2006-10-11（7）．

董云川．高校辅导员之惑．中国教育报，2016-10-10（5）．

宗河．增强对辅导员工作的职业认同．中国教育报，2014-04-05（2）．

唐景莉．进一步提高辅导员工作科学化水平．中国教育报，2010-06-11（1）．

黄军伟．拒绝“橡皮人生”：高校辅导员的职业幸福．中国教育报，2012-01-10（3）．

赵永新．让辅导员成为专业化人才．中国教育报，2008-04-11（8）．

杨晨光．高校辅导员职业化还得再闯几道关？．中国教育报，2006-12-20（2）．

苏婷．新时期辅导员应具备什么素质？．中国教育报，2004-10-18.

薛南．走职业化、专业化的辅导员建设道路．中国社会科学报，2011-09-20（18）．

图书在版编目（CIP）数据

高校辅导员职业生涯发展研究/曹威威著．--北京：中国人民大学出版社，2021.4

（思想政治教育实践研究新探索丛书/杨晓慧，刘志主编）

ISBN 978-7-300-29261-8

Ⅰ.①高…　Ⅱ.①曹…　Ⅲ.①高等学校-辅导员-师资培养-研究　Ⅳ.①G645.1

中国版本图书馆 CIP 数据核字（2021）第 063224 号

思想政治教育实践研究新探索丛书

主编　杨晓慧　刘志

高校辅导员职业生涯发展研究

曹威威　著

Gaoxiao Fudaoyuan Zhiye Shengya Fazhan Yanjiu

出版发行	中国人民大学出版社		
社　　址	北京中关村大街 31 号	**邮政编码**	100080
电　　话	010－62511242（总编室）		010－62511770（质管部）
	010－82501766（邮购部）		010－62514148（门市部）
	010－62515195（发行公司）		010－62515275（盗版举报）
网　　址	http://www.crup.com.cn		
经　　销	新华书店		
印　　刷	北京玺诚印务有限公司		
规　　格	165 mm×230 mm　16 开本	**版　　次**	2021 年 4 月第 1 版
印　　张	12.25 插页 1	**印　　次**	2021 年 4 月第 1 次印刷
字　　数	166 000	**定　　价**	58.00 元